青春文庫

あの業界のスゴ技！
ライフハック 100

知的生活追跡班 [編]

JN044939

青春出版社

はじめに

"プロ"と呼ばれる人たちが働いている業界には、その世界ならではの洗練された技術や合理的なテクニックがある。その業界にいる人なら知っているけれど、ごくふつうの人にはほとんど知られていない便利な知恵とコツの数々だ。

たとえば、「ウイルスを除去する、医師の正しい手の洗い方」、「一流を見抜くホテルマンの目のつけどころ」、あるいは、「自衛隊員がいざという有事のために身につけているもの」……。

それらのテクニックは、プロではない私たちもエッセンスを取り入れることで、生活が快適になるものばかりだ。

本書では、これまで、業界内でとどめられていたスゴ技を徹底研究。知っているだけで得する驚きのワザを紹介していく。１００業界の中から厳選したハックを生活に役立てていただければ幸いである。

２０２０年４月

知的生活追跡班

目 次

第5章 緊急時の困った! に ライフハック

第6章 健康のためにできる **ライフハック**

編集協力：中村未来
本文イラスト：宇和島太郎、スタジオバベル
本文デザイン・ＤＴＰ：遊歩工房

※本書の情報は2020年4月時点のものです。文中にある条件、事情が変化する場合があるため、ライフハックをお試しになる前に、料金、価格、規約・規制、有効期限その他、条件の変更など、よくご確認の上、お試しください。
ライフハックの効果や成果は個人差や環境等によって差があります。特に健康に関するものや、衣服・家財道具・アクセサリー類の貴重なものや、火気・熱源等を利用するものなどに関しては十分ご留意ください。
ライフハックはその業界の一部、あるいはかつて行っていたものも含みます。

第 1 章

仕事で使える!
ライフハック

航空業界の HACKS

飛行機の中や時差のある職場など、地上とは全く違う環境に職場のある航空業界。制約も多く、肉体的につらい面もあるが、だからこそ生まれる知恵がある。限られた時間と空間で効率よく、しかも優雅に仕事をこなしていくコツとは?

HACK1 高速充電するには「機内モード」に!

飛行機内でスマホの通信を遮断するために使う「機内モード」。バッテリーの消費量が減るので充電速度が向上するほか、データ通信を使わずWi-Fiのみを利用したり、バッテリーを節約しながらBluetoothで音楽を楽しむこともできる。

知っていると得をする! 航空業界こぼれワザ

●時差ボケ回避のために、飛行機に乗ったら到着先の時間にセット。機内食は到着時間に合わせて出されているので、できるだけ食べる。

10

HACK2

疲れの 出る時間こそ、 胸を張る!

揺れる機内の狭い通路で座っている客に触れてしまわないようにてきぱきと業務をこなす客室乗務員。機内の華として疲れを見せないのも仕事のうち。疲れが出た時ほど胸を張り、上を向くようにすることで、美しくも作業効率を落とさない。

HACK3 機内では 「後方」を狙う!

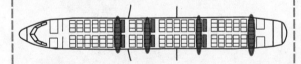

ゆったりと座りたいときは飛行機のコンパートメント（部屋）後方を選ぶ。背もたれの心配がなくなる、最前列はベビーベッドが組み立てられるようになっているので乳幼児と離れられる。貨物と客でバランスを取るため後方に空きの出る可能性のほうが高くなる。

鉄道業界の HACKS

秒単位で正確に動く日本の鉄道。この信じられないような現場を支えているのは、鉄道マンの時間をロスしないためのしくみにある。いくら気をつけていてもミスをしてしまうのが人間であるが、小さなミス、ちょっとしたストレスなど、誰しもに起こり得ることを未然に防ぐしくみをつくることで、正確な仕事を実現している。

HACK1 「ミス」でムダな時間を消費しない！

ミスを引き起こさないためには必ず「指さし確認」。目で見るだけでなく、動作を加え、声に出して耳で聞いて確認するため、一度で4重確認が取れる。

知っていると得をする！　鉄道業界こぼれワザ

●駅の電車の忘れ物は LINE で調べられる。

混雑時は「中央車両」を選んでストレスをためない！

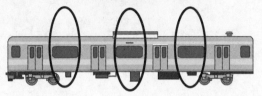

ストレスは仕事の大敵！　満員電車に乗る時はストレスの低いエリアを狙う。車両中央の座席間のゾーンは客の出入りが少なく、密度も低い。

絶対に間違わない読み方・書き方をする！

ＡＢＣ Đ とおふたばん 12番

相手の聞き取りにくい言い方や聞き間違えは、もはや言ったほうの責任だ。鉄道マンにはそのような心配はない。絶対に間違えないような読み方・書き方で自分にも相手にもムダな時間を過ごさせない！

●新幹線の自由席は座席数の多い2号車がねらい目。

ブライダル業界のHACKS

ハウスウエディングや海外挙式など、従来の挙式披露宴にとらわれないカップルが増えている。しかし、ブライダル業界では人生の晴れ舞台を演出するため、臨機応変に対応しながら様々なニーズに応えるのは変わらない。晴れの日にふさわしい装いを維持するためのテクニックに注目！

HACK1 好印象になる！忌み言葉のかんたん変換表

「行く」	「向かう」「伺う」
「思い切って」	「いっそのこと」
「会に出る」	「参加する」「加わる」
「会を出る」	「中座する」「失礼する」
「帰る」	「おいとまする」「失礼する」
「去年」	「昨年」
「嫌い」	「得意ではない」
「捨てる」	「整理する」「処分する」
「短い」	「簡潔に」「コンパクトに」
「分ける」	「分担する」

知っていると得をする！ ブライダル業界こぼれワザ

●イメージを伝えたい時は画像ブックマークツールの「Pintarest（ピンタレスト）」が参考になる。

HACK2 ジャケットをしわにせず、手早くたたむには3つの手順でOK！

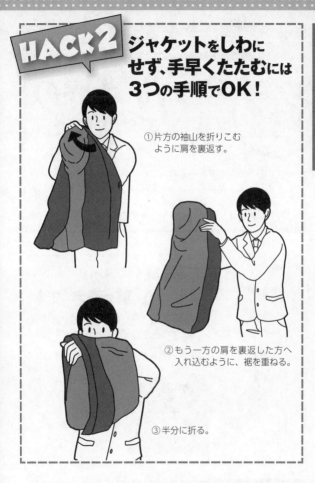

①片方の袖山を折りこむように肩を裏返す。

②もう一方の肩を裏返した方へ入れ込むように、裾を重ねる。

③半分に折る。

15

仕事で使える！ 人間関係②

ホテル業界の HACKS

一流のおもてなしで来客者を迎えるホテルマン。誰もが心地よく過ごすことができるよう、徹底した接客スキルを身につけている。一流と呼ばれる人たちと接することも多く、そのスキルは、ぜひとも知っておきたいものだ。

HACK1 品のいいドアのノックは「目の高さ」で！

ホテルマンのドアのノックは目線の高さでゆっくりとコンコンとたたく。その際に人差し指か中指を使う。高いところからたたくと、中にいる人が威圧感を感じるためだ。

知っていると得をする！　ホテル業界こぼれワザ

●スマホの操作、腕時計で利き腕をチェック。グラスの置く位置を決める。

HACK2 一流かどうかは「膝裏」を見る

靴を見ればその人となりがわかるというが、ホテルマンはさらに「膝裏」に注目している。一流ほど膝裏にしわがなくピンときれいという。

HACK3 腕を組み始めると「寒い」のサイン

ロビーやオフィスなどでも、人が腕を組み始めたら「寒い」のサイン。ホテルマンはブランケットなどを貸し出すが、オフィスでは温度を上げましょうかと声をかけるなどすれば、気が利く人と思ってもらえる。

●餃子や焼き肉など、においの強い食材は勤務日前日は食べない。

教育業界の HACKS

授業中に席につかない、おしゃべりをやめない…。このような子どもたちをまとめ上げるために試行錯誤を繰り返している教師。その方法はもちろん大人にだって使える。職場で扱いに困っている"問題児"たちがいるのなら試してみて損はない。

HACK1 指示は 1回につき1つ

やってほしいことをそのまま伝えてもスムーズに事が運ばない。そんな時、教師は1つずつに分ける。すると子どももだらけることなく作業をしてくれる。

知っていると得をする！ 教育業界こぼれワザ

●汚い黒板はマイクロファイバーで拭くときれいになる。
●牛乳と水を合わせたものをチョークにひたすとチョークが粉々にならない。

肯定的な 言葉ストックを持つ！

自己肯定感を高め、やる気や自信をつけさせるためにも、子どもたちには肯定的な言葉を使う。いざという時にパッとでてくるように言葉のストックが大切。

内面や性格で使える

たくましい	明るい	明朗快活な	健康的な
おおらかな	朗らかな	優しい	思いやりのある
寛大な	清潔な	心の広い	責任感がある
理解力のある	頼りになる		

行動で使える

積極的な	活発な	社交的な	行動力のある
忠実に	聞き上手な	真面目に	礼儀正しい
臨機応変に	柔軟に	あっさりとした	決断力がある
信用できる			

●ホワイトボードの汚れはメラミンスポンジで落ちる。

19

放送業界の HACKS

不特定多数の人にわかりやすく情報を伝えるアナウンサー。その生命線ともいえるのが「声」。どうしたら相手に響くのか、声の出し方から発音に至るまで日々技術を高めている。

HACK1

早口言葉をゆっくり話す

早口言葉は発音のスピードを鍛えるためのものではなく、普段の話し方でははっきりと発音できるようにするためのもの。「あ」「い」「う」「え」「お」の口の形を意識して早口言葉をゆっくりと話すだけでも聞き取りやすい話し方のトレーニングになる。

知っていると得をする！　放送業界こぼれワザ

●髭の濃い男性アナウンサーは髭部分にファンデーションをポンポンとのせることで顔色をよくしている。

HACK2 目線は「話の切れ目」に合わせる

目線を合わせて話し続けるのは自分も相手も疲れてしまうもの。話の切れ目に一瞬合わせると、いい区切りになるし、相手が理解してもらう「間」になる。

HACK3 声を響かせるには「のどぼとけを下げる」

間違った発声や大声の出しすぎはのどをつぶす元。のどを開き共鳴させるのが声量を上げるポイント。そのためには、のどぼとけを下げるようにすると、のどが開きやすい。声が響き相手の耳に届きやすくなる。

百貨店業界の HACKS

確かな品質を専門の販売員が売っている百貨店。当然、接客におけるお客さんの求めるハードルも高い。どんな人にもワンランク上の気分が味わえるように、百貨店の店員が行っている接客術は、好印象を与えるだけでなく、怒っている人も取り込んでしまう技術がある。

HACK1

好感度の高い案内は「視線」「重心」も一緒に動かす

フロア案内などをする時、手のひらで行きたいところを示すだけでなく、その場所へ視線を送り、重心も同じ方向へずらす。こうするとより親身に伝えてくれている様子が伝わり、ぐっと好印象になる。

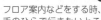

知っていると得をする！　百貨店業界こぼれワザ

●トイレに行きたい時は紳士フロアに行くと空いている確率が高い。
●クレーム処理は「では、伺います」というと9割の人は黙るそう。

HACK 2　2種類の笑顔を使い分ける!

百貨店で行われている「笑顔」は「思いきりの笑顔」と「待機の笑顔」の2種類があるという。2つの笑顔をマスターすることで、つねに好感度の高い雰囲気を出すことができる。

HACK 3

クレームには「部分謝罪」

クレームに対して「申し訳ありませんでした」というのは全面的に非を認めることになる。「不快な思いをさせてしまい、申し訳ありませんでした」といった上で事実確認をする。部分的にも謝ることで相手の怒りを収めつつ、不利にならない。

●できる試食販売員は、お客さんに警戒心を抱かせないために視線を外して試食を勧める。

カウンセリング業界のHACKS

ストレスなど心のトラブルに寄り添い、サポートする心理カウンセラー。さまざまな悩みや不安を抱えた人の心を開き、助言していく…それは「こころの専門家」のなせるワザ。つい頼りたくなってしまう、話したくなってしまうテクニックとは？

HACK1 ホンネは座っているときに聞き出す

人は座った状態だと気が緩み、立っている時は緊張する。ポロッとホンネを漏らしてしまうのも、立ち話をする時よりも座っている時。心理学的には正面は対立、横並びは協力になるので、横並びのほうがよりホンネを聞き出しやすい。

知っていると得をする！ カウンセリング業界こぼれワザ

●ちょっと使える心理学
＜イエスセット話法＞イエスで答えられる質問に何度も「はい」と答えさせると、親近感を感じさせられる。

HACK 2 気まずい「間」は小物で取り払う

あえて4人掛けのテーブルにして圧迫感をなくしたり、置時計や水槽など動きのあるものを置くなど、カウンセリングルームは沈黙による気まずい雰囲気をつくらないようなつくりになっている。

HACK 3 第一印象を良くするには必ず「名前」を呼ぶ！

自己紹介でお互いの名前を言い合ったあと、「〇〇さん、よろしくお願いします」や「〇〇さんの漢字って、どの字ですか？」など、名前を必ず冒頭に入れて会話をするといい。

＜ハロー効果＞何か大きな特徴があれば、その大きな特徴の評価と同じように他の特徴も評価されてしまう。

＜カリギュラ効果＞禁止されるとやりたくなる。

メガネ業界の HACKS

スマホやパソコンの使用頻度が増え、コンタクトがつらくて眼鏡に変えた、ブルーライトカットの眼鏡が手放せないという人も多いだろう。また、ファッションの一部としてメガネを楽しむ人も増えてきている。日々、メガネと向き合っている人々の快適に使い続けるポイントとは？

HACK1 メガネは「冷水」で洗う

お湯で洗ったほうが、汚れが落ちそうな気がする。しかし、レンズのコーディングがはがれる恐れもあるので、メガネは冷たい水で洗うことが大切。中性洗剤を使って洗うことでメガネについた皮脂などを落とすことができる。

知っていると得をする！ メガネ業界のこぼれワザ

●触っていなくても、まつげ、ほこりや花粉、皮脂、汗などでメガネは汚れる。定期的な洗浄は眼を守るためにもしたほうがいい。

HACK2 マスクを「折り返す」だけでメガネがくもらない!

折り返す

感染症や花粉症対策でマスクをした時に困るのがメガネのくもり。こんな時は、マスクの上の部分を内側に折るだけでマスクのくもりを防ぐことができる。

HACK3

似合うメガネは3つのポイントをクリアしているか?

似合うメガネは人それぞれだが、基本となるポイントが3つある。①黒目の位置が中央からやや上、内寄り、②眉頭の角度とフレームの角度が合う、③メガネの高さは眉からあごまでの長さの1/3。

●べっ甲製のメガネに超音波洗浄機は不可。光沢が失われるだけでなく劣化を招く。

27

スーツ業界の HACKS

スーツはビジネスマンの戦闘服だ。社内外問わず、スーツの着こなしによって人間性をはかられてしまう一面がある。だからといって高いスーツを買えばいいわけではない。スーツを買いに行ったとき、日々の着こなし、プロはどのようにしているのか?印象をよくし、長くきれいに着続けるためのポイントとは?

HACK1 ネクタイのくずれには「たるみ糸」を引く

たるみ糸を軽く引っ張ると、縫い目のゆるみが均一になり、型くずれがなおる。持ち運ぶ時はしわにならないように丸めるのがおすすめ。

知っていると得をする! スーツ業界のこぼれワザ

● クローゼットにかける際には適度にすきまを空ける。間隔がつまっていると、スーツがつぶされて立体感がなくなる。通気性の悪さはカビやにおいの原因になる。

HACK2

カバンは 必ず「手持ち」で!

ビジネスカバンを肩から
掛けている人は多いが、
これこそスーツの型崩れ
を招く行為である。肩の
位置が決まっていると
スーツをきれいに着こな
せるので、カバンは必ず
手で持つことが大切だ。

仕事で使える！ 身だしなみ③

靴業界の HACKS

ビジネスシーンでも「足元」はよく見られている部分。初対面であっても、手入れされた革靴を履きこなしている人は信頼されやすい。それだけ、革靴の手入れは面倒だし、手間がかかるものだからだ。自分の足に合った靴を履きこなすためにも続けられる手入れ方法を知っておくといいだろう。

HACK1 シューツリーは「木製」のものを！

シューツリーは革靴の履きジワを伸ばすもの。靴の寿命を延ばすので必ず入れておいたほうがいいものだ。特に、木製のものだと湿気を吸い取ってくれるので、靴の持ちがさらによくなる。

知っていると得をする！ 靴業界のこぼれワザ

● 革靴の紐をほどかずに脱ぎ履きをラクにするには、ゴムのスリットが入ったものにするといい。

合う紐靴は「開き」が重要！

組み紐の革靴の場合、翼の開き具合を見逃している人が多い。閉じきっているのはNG。5㎜〜1㎝くらいの空きがあるものがベスト！

HACK3 雨で濡れた靴には「シリカゲル」

シリカゲル

お菓子に入っている乾燥材のシリカゲル。雨などで濡れた靴、1足につき5袋以上入れると、翌日には乾いている。赤やピンクになると吸収しないので青や透明なものが入っているものを使う。ただし、生石灰乾燥剤は水にぬれると発熱するので決して入れてはいけません。

●靴の中に新聞紙を入れると湿気が取れる。
●靴は冷蔵庫に入れると消臭できる。

文具業界の HACKS

データでのやり取りや端末での管理などペーパーレスが増えてきているが、ちょっとした作業やとっさに使い勝手がいいのは昔ながらの文具。日夜文具の研究を進めている文具メーカーにはアイデア満載の使い方が！知っておくと、いざという時に役立つ！

HACK1 インクが出ない 油性マジックは 「除光液」で復活！

除光液で…
↓
書けた！

インクが出なくなった油性ペンは、キャップの半分くらいに除光液を入れる。キャップを閉めて10分ほど待つと…書けるようになっている！

知っていると得をする！ 文具業界こぼれワザ

●消せるボールペンで誤って消してしまったものは「冷凍庫」に入れると復活する。

「消しゴム」の便利ワザ！

消しゴム

●スニーカーの汚れ取りに！

●出先で消しゴムがない時は「輪ゴム」で消せる

●紙をめくる「指サック」代わりに！

「ダブルクリップ」の便利ワザ！

ダブルクリップ

●不要な紙を机ごと特大ダブルクリップで挟んで、「メモ用紙」に！

●クリップの金属部分を使って「コードの整理」に！

●机にはさんで、出先での「バッグハンガー」に！

●消せるボールペンで大量に消したい箇所がある時はドライヤーを当てると、あっという間に消せる！

33

印刷業界の HACKS

印刷といえば、紙とインク…だけではない。今やパッケージ
やディスプレイ、半導体の部品の取り扱いまで行われている。
そんな印刷業界こだわりに紙の取り扱い方法は、コピーや紙
をまとめるときにも役立つこと間違いなし！

紙は「裏表」「目」を意識して扱う！

紙には「表」「裏」
そして「目」がある。
触った時に少し凸
凹があるのが「表」。
水につけた時にくる
んと丸まるのが紙の
「目」の方向。印刷
する時は「表」に、
折る時は目に反った
ほうがきれいにでき
る。

知っていると得をする！　**印刷業界こぼれワザ**

●紙には中性紙と酸性紙があり、長期保存したい時には中性紙が向いている。
　少しだけ燃やして、灰が黒いのが酸性紙、白いのが中性紙。

HACK 2 「紙さばき」をマスターするとコピーが劇的にはかどる！

① 紙の両端をしっかりつかみ、U字にする。

② 中央がふくらむように戻す。

③ 整える。

印刷業界で行われている「紙さばき」。空気が入ることで、バラバラになった紙を一瞬でキレイにそろえることができるほか、コピー機の紙詰まりの防止になる。

IT業界のHACKS

今やネット環境が仕事になくてはならないという人も多いだろう。日々情報更新されていくIT業界では、少しでも便利に効率よく作業をしていくことが求められる。仕事の主戦場でもあるパソコンの知られざる便利ワザをどんと紹介!

HACK1

保存した画像はペイントやエクセル、ワード等に張り付けることができる。

スクリーンショットは「Ctrl」+「Alt」+「PrintScreen」で!

HACK2 覚えておくと便利な「F」=「ファンクションキー」を使うと作業がはかどる！

F1：ヘルプの表示
F2：ファイル名の変更
F3：ファイルまたはフォルダを検索
F4：マイ コンピュータまたはエクスプローラでアドレスバーの一覧を表示
F5：更新
F6：平仮名にする
F7：全角カタカナにする
F8：半角カタカナにする
F9：全角アルファベットにする
F10：半角アルファベットにする
F11：全画面表示
F12：名前をつけて保存

HACK 3 ウインドウの切り替え 「Alt」+「Tab」

画面の切り替えもショートカットキーでできる。「Alt」+「Tab」
で起動しているソフトの切り替えが可能。「Windows」+「D」で
デスクトップ画面に戻す。

HACK 4 フォントは「Arial」か 「メイリオ」

エクセルの標準フォントは「MS P ゴシック」。文字は問題ないが、
英数字だと半角になった時のキメが荒く、見づらくなる。本文は「MS
P ゴシック」、英数字のフォントは「Arial」か「メイリオ」と使い分
けると見やすさが一変！

知っていると得をする！ IT業界こぼれワザ

●パソコンの画面を拭く時は、静電気がつくため電源を切ってから。
●マウスパッドがないときは普通紙でも代用できる。

仕事で使える！ 作業効率up！④

印章業界の HACKS

デジタル化しているとはいえ、書類に、伝票に、意外と使う機会の多い「印鑑」。きれいに捺してあると、それだけで印象もよくなるもの。きれいな捺し方をマスターしよう！

HACK1 ハンコは「の」で捺して「し」で仕上げる！

印鑑をくっきりきれいに捺す秘訣は「の」の字を書きながら捺し、「し」の字を書くようにはなすこと。

知っていると得をする！ **印章業界こぼれワザ**

● 役目を終えたハンコは公益社団法人 全日本印章業協会の会員店舗に持って行くと、代わりに供養してくれる。

報道業界の HACKS

日々起こる出来事に加えて、隠されようとしている事実を世の中に出すなど、社会を動かす力を持っている報道の世界。そこでは地道な裏取りや取材が行われている。一筋縄ではいかない相手にもひるむことなく進んでいく報道マンの武器は私たちにもきっと役立つだろう。

HACK1

同じメモは数字で取る

> 日本を取り戻す！ 3
> 景気減退、
> 給付金 でるか？
> まだわからない 5

大切なことに関して、人は無意識に繰り返し話してしまうもの。この時に同じ事を書くのではなく、それが何度目なのか数字をメモしていく。重要度がひと目でわかる上、メモを取る効率も上がる。

知っていると得をする！ 報道業界こぼれワザ

● ニュースや演説の原稿は縦書き。縦に目を動かしたほうが読み飛ばしや重複を防げるため。

HACK2 ツイッターの速報性を利用

リアルタイムのニュースはツイッターが一番早い。玉石混交だが、ニュースやトレンドは情報源としてチェックしておくと、情報の取りこぼしがない。

HACK3 反論をしたい時は「世間」を味方につける

「最近は○○（反論したい内容）という人もいらっしゃいますよね」というセリフでさりげなく反論。相手のホンネをより引き出しやすくなる。

41

eスポーツ業界の HACKS

eスポーツとは「エレクトロニック・スポーツ (electronic sports)」の略称。コンピューターゲーム、ビデオゲームを使ったスポーツ競技で世界の競技者は1億人以上。その頂点で戦い続けるには高い集中力や計算された戦略、とっさの判断力などが求められる。画面越しに戦い続けるプロはどうやって集中を切らさないようにしているのだろう?

HACK1 画面を見るのは「2時間」

パソコン画面で集中できるのは「2時間」。だらだら見ていてもその後は集中力が落ちていくだけ。2時間でいったん区切りをつけるほうが高いパフォーマンスを維持し続けられる。

知っていると得をする! eスポーツ業界こぼれワザ

●区切りはあっても、プロは10時間近くパソコンと向き合って練習している。

家庭で使える！ライフハック

家庭で使える！ 家事①

宿泊業界の HACKS

数十人、数百人もの宿泊客のお世話をするには、とにもかくにもスピードが命。特に掃除や布団のセットには体力も使うので、いかに効率よく行っていくかがポイントになってくる。どのようにして大量の仕事をこなしているのかというと……

HACK1 クリーニング製品は「7分」置く

お風呂やトイレまわりの掃除には、洗剤をつけてからふき取るまでに7分程度置く。こうすると洗剤が汚れやあかに染み込み、ムダな時間や労力なく掃除がすすむ。

7分待つ

知っていると得をする！　宿泊業界こぼれワザ

●旅行サイトで満室でも「予備の部屋」を用意している宿泊施設は多い。直接電話してみると予約が取れたりする。

HACK 2

一瞬で布団カバーをセットする「Z」の法則

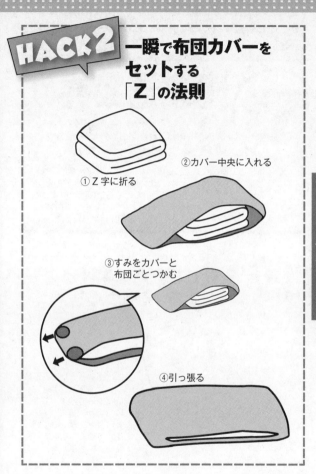

① Z字に折る

② カバー中央に入れる

③ すみをカバーと布団ごとつかむ

④ 引っ張る

第2章 家庭で使える！ライフハック

●ビジネスホテルの電気は、カードキーの場合は名刺を、通常の鍵の場合は歯ブラシを入り口近くのカギ入れにさすことでつけっぱなしにできる。

陶磁器業界の HACKS

陶磁器は日常で使われる飲食器のほかに、タイルや瓦、衛生陶器、建材など幅広く使われている。これは素材を知り尽くしているからこそできること!実際に日本の陶芸だけでも土の違いによって40種類以上もの焼き物がある。それぞれの特性にあった使い方、手入れ法がわかれば、もっと長くきれいに使い続けられるだろう。

 **ひび割れは牛乳で煮るとくっつく!**

ひび割れを直したい陶磁器がすっぽり入る鍋に牛乳を入れ、1時間ほど煮込む。タンパク質である"カゼイン"という物質がそのひび割れを埋め、割れている部分が修復される。

知っていると得をする! **陶磁器業界こぼれワザ**

●薄汚れた皿は素焼きをすると有機物がすべて燃えるので新品同様になる。

HACK2 珪藻土タイルを 食器棚に敷いて「カビ」 を寄せ付けない！

けいそうど

陶器は水を吸うためカビ
やすい。もしもカビを発
見してしまったら、40
度くらいのお湯に酸素系
漂白剤を入れ、1，2時
間ほどつけたままにす
る。そのまま洗ってよく
乾かす。しまう棚には珪
藻土タイルを敷いておく
とカビ防止になる。

HACK3 使う前に 10 分水を つける

使用前に 10 分ほど水をつけておくと臭いうつりを防ぐことができる。

家庭で使える! 家事③

アルミ業界の HACKS

非鉄性金属の優等生といわれるアルミニウム。低温に強い、電気を通す、光や熱を反射させる、耐食性が良い、軽い、熱を通しやすい…などの特性を持ち、1円玉やアルミホイルから宇宙開発まで幅広い分野で使われている。アルミニウムの特性がわかれば、日常生活で活かせるポイントがたくさん見つかる!

HACK 1 冷凍も解凍も "アルミホイル"が早い!

時短おかずに!

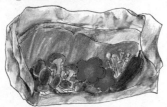

熱伝導率は鉄の3倍!熱しやすく冷めやすいアルミホイルは冷凍にも解凍にも使える。急速冷凍、急速解凍でうまみも逃さない!

知っていると得をする! **アルミ業界こぼれワザ**

● 1円玉は純度100%の純アルミニウム製。用途に合わせて様々な元素を混ぜたものをアルミニウム合金という。

48

排水溝の ぬめり防止に 「アルミボール」

クシャクシャにしてゆるく
丸めた「アルミボール」を
排水溝に2つ以上入れる。
金属イオンが雑菌の繁殖を
防ぎ、ぬめりが抑えられる。

HACK 3
黒くなった銀製品が ピッカピカに!

鍋にアルミホイルを
敷き、水と塩を入れ
て沸騰させたものに
黒ずんだ銀製品を入
れると、化学反応に
よってきれいになる。

家電業界の HACKS

話しかけるだけで起動したり、自動で家事をしてくれたり…ハイテク家電は私たちの生活に一番身近な最新技術。その技術を熟知しているプロたちは、最新の家電も従来の家電もとことん使い尽くしている。家電の知られざる便利ワザに迫る!

HACK1 あの家電の意外な使い道!

ドライヤー	におい分子は風で飛ばせる。衣類にあてるとにおいが飛ぶ
炊飯器	炊飯器はご飯だけでなくパンやケーキなども焼ける
スチームクリーナー	スーツをハンガーにかけたまま、スチームクリーナーをあてればしわが伸びる
扇風機とエアコン	エアコンをつけつつ、扇風機を上に向け、部屋の端で首を回すとサーキュレーターがわりに
布団乾燥機	革靴やブーツの乾燥取りに最適!
高圧洗浄機	おふろで使うとカビも水垢も一瞬できれいになる

知っていると得をする! 家電業界こぼれワザ

●家電は新商品入れ替えの時期になると大幅値下げされている可能性大!

「レンジ」使い倒し！

粉チーズ

耐熱皿の上にクッキングシートを敷き、6等分したとろけないスライスチーズを並べる。600Wで1分〜1分40秒、様子を見ながら加熱する。冷めてカリっとなったら砕いてできあがり！

におわないニンニク

薄皮を付けたまま、ラップに包み庫内中央に置く。1片につき、500Wで約20秒加熱。におわないニンニクに！

油揚げの油抜き

油揚げを耐熱皿の上にのせて中央に置く。600Wで約20〜30秒加熱。加熱後にクッキングペーパーで油揚げを挟んで絞れば油抜きOK！

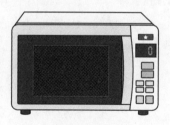

●掃除機のコードに貼られたラインの意味。黄色→ここまで出す。熱がこもるため。　赤→これ以上出さない。コードは手で手繰り寄せてから。

クリーニング業界の HACKS

クリーニング業界は最もクレームの多い業界といわれている。魔法などないのに、どんな汚れも落としつつ、生地を傷めない、そんな利用者の期待にこたえなければならないからだ。このクリーニング業界のテクニックを家庭で実践するなら、どうしているのかチェック!

HACK1

シミ抜き薬は家庭で作れる!

重曹

漂白剤

中性洗剤

重曹小さじ1、酸素系漂白剤小さじ1、食器用中性洗剤3滴で頑固なシミが落ちる!

知っていると得をする! クリーニング業界こぼれワザ

● プリーツスカートやスーツは月に1回「プレス」をしてもらうつもりでクリーニングに出すと、コスパが良い。

「ビー玉」でワンランク上の洗い上がり！

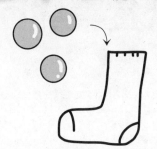

靴下にビー玉を3個ずつ入れ、口を輪ゴムで止めて洗濯。ビー玉が回転してぶつかり合い、揉み洗いしたように綺麗になる。

HACK3 Yシャツはボタンの留め方で乾きに差がつく

干す前に畳んでパンパンとたたき、ハンガーに掛けたら、一番上と一番下のボタンを留めて干す。襟の型崩れを防ぎ、濡れたYシャツの重みできれいに乾き、アイロンいらず！

飲食業界の HACKS

日本の家庭料理のレベルの高さは世界でも類を見ないほど。
1食の品数も多く、栄養バランスも考えられている。もっと
レベル上げるにはどうしたらいいのか?飲食業界の人たちが
行っている、プチテクニックを取り入れてみよう!

HACK1 サクッサクの天ぷらは「小麦粉+油」で作る

小麦粉1カップにサラダ油80mlを少しずつ加えながら混ぜる。卵1個と水120mlを加えて混ぜ、具をつけて油で揚げる。小麦粉の粘りの元であるグルテンを発生させないのでサクッとした天ぷらに仕上がる!

サクッ

知っていると得をする! 飲食業界こぼれワザ

●テーブルについた輪ジミはマヨネーズでこすると落ちる。

HACK2 洗いものをする時は容器に洗剤と水を入れてから

スポンジに洗剤をつけてから洗いものをするのではなく、容器に洗剤と水を入れ、よく泡立てた中で洗いものをするとラク。

HACK3 レンジの汚れは「レモン」で取る

水を張ったボールにレモンを絞ってそのまま加熱する。5分放置した後、ふき取る。

家庭で使える! 家事⑦

家事代行業界の HACKS

共働きが増えるにつれ、利用者が増えているのが家事代行業者。たんに家事を代わってくれるだけでなく、部屋はよりきれいに、食事はよりおいしいものができあがる。かけている時間は同じでもより精度が高いものに仕上がるひと工夫とは?

HACK1 「酢+お湯」でサビは落ちる

サビは「空気中の酸素と結び付いた鉄」。お酢の酢酸と結びつくことで酸化鉄は鉄と酸素に分解される。お湯で2倍ほどに薄めた酢につけておくとほとんどのサビは落ちる。

知っていると得をする! 家事代行業界こぼれワザ

●掃除機のヘッドにストッキングをかぶせて輪ゴムで止めれば、簡易的な布団掃除機になる。また、ピアスやヘアピンなど小物を探す時にも使える。

HACK2 ふわふわのタオルは振って実現！

柔軟剤を使わなくても、タオルを干す前に 10 回ほど思い切り振ってから干すと、パイルが立ってふわふわになる。

HACK3 食器用洗剤の詰め替え用はふただけ換える

詰め替え用

食器用洗剤は詰め替え用のものをわざわざ詰め替えなくても、ふただけ取り換えれば手間がかからない。

●エアコンの臭いが気になる時は、最低温度にして強風で 1 時間稼働すると臭いがとれる。

ガラス業界の HACKS

ガラスのきれいさを保ち続けるには日々のお手入れがかかせない。また、割れた処理などにも手間がかかる。意外と自分で管理しようと思うと大変なしろものなのがガラスだ。しかし特性を知っていれば、ガラスにまつわるトラブルで悩むことはぐっと減る。ガラス業者がおすすめする、家庭のガラスあれこれ！

HACK1 窓ふきは「曇り」に行う

窓掃除は晴れた日に行いがちだが、汚れがきれいに落ちるのは「曇り」の日。じつは曇りの日は湿気が高いため、汚れが水分を含み、落ちやすくなっている。

知っていると得をする！　ガラス業界のこぼれワザ

●飛散防止フィルムを窓に張ると、遮熱性、断熱性の効果もある。

HACK 2 シールはドライヤーか洗剤パックではがせる

窓ガラスに子どもが貼ってしまったシールは
がしは2通り。ドライヤーをあてる。もしく
は中性洗剤をかけ、ラップをはり30分。そ
の後優しくはがすときれいにはがれる。

HACK 3 凍ったフロントガラスは「お湯」でなでるだけで取れる

寒さで凍ったフロントガラス
は、お湯を入れたジップロック
などのビニール袋でなでるだけ
で気持ちいいほど落ちていく。

59

家庭で使える! 家事⑨

ラップ業界の HACKS

電子レンジの普及とともに家庭に浸透していったラップ。業務用と家庭用があるが、圧倒的に家庭用のほうが多い。もともとラップフィルムは戦争で使うために開発された。その後、食品包装などへの改良の結果、今のような食品ラップが誕生した。調理や保存など新たな使い方を提案することで、家庭にはなくてはならないものとなっている。

HACK1 ラップの切れ目は「スポンジ」で見つける

ラップの切れ目がわからなくなった! そんな時はネットのない乾燥したスポンジでこするだけ。めくれてくるのでラップの始まり部分がどこかわかる。

知っていると得をする! ラップ業界のこぼれワザ

●ラップの芯は色が変わるくらいまで水につけておく。端がめくれるようになるのではがしていくと1枚の紙に! ゴミのかさを減らせる。

HACK 2 "寄り弁"はラップで解消!

お弁当の中身に密着させるようにラップをかぶせ、そのラップの端がお弁当箱の外に出るようにしてフタをしめる。これだけでお弁当のかたよりが防げる!

HACK 3

「のりパリおにぎり」の包み方

①ラップの上にのりを置く。
②のりの下のほうにおにぎりを置く。
③おにぎり側のラップを折る。
④横に出ているラップを内に折る。
⑤おにぎりをのりのほうへ折って…できあがり!

●クレンザーをつけ丸めたラップで優しくシンクをこする。ちょっとしたさびなども取れ、光沢が戻ってくる。

家庭で使える! 育児

保育業界の HACKS

なかなか意思疎通がうまくいかない乳幼児。こちらの気持ちをくんでくれるわけはないものの、なんとかご飯やお昼寝をスムーズにしてほしい……。ところがそんな親の気持ちとは裏腹に、保育園ではすぐに泣きやんだり、すんなりお昼寝したりしていたりする。一体なぜ？

HACK 1 寝かしつけで絵本を読む時は絵を見せない

絵を見せるのではなく、想像させるようにする。子どもたちはお話を想像して目をつむっているうちに寝てしまう。

知っていると得をする! **保育業界こぼれワザ**

●寝かしつけに困ったら「背中トントン」「足をあたためる」「おんぶ」が保育士の王道。

HACK2 泣きやまない時は「ビニール袋」の音を聞かせる

赤ちゃんがどうしても泣きやまない時は、胎内環境と似ているビニール袋のしゃかしゃかという音を聞かせてあげるといい。

HACK3 写真を撮る時は子どもより「下」から

子どもの写真を撮る時はつい立ったままが多いかもしれないが、子どもの視線より下から撮ると、動きがありいきいきとした表情の写真になる。

家庭で使える! 部屋づくり①

建築業界の HACKS

最近の巨大建築といえば、新国立競技場だが、これはミリ単位の細かい仕事の積み重ねである。どんなに大きな建築物でも、現場の緻密な技術が支えている。それは規模の大小は関係ない。職人たちのワザは私たちの生活でももちろん生かしていけるのである。

HACK1 つぶれたネジ山は「輪ゴム」で解決!

ネジ山とドライバーの間に輪ゴムを挟んで回すと…ネジが回る。

知っていると得をする! 建築業界こぼれワザ

● 本当に汗を吸うのは、タオルではなく麻の手ぬぐい。

HACK 2 手の届かない所は「0」から計らない

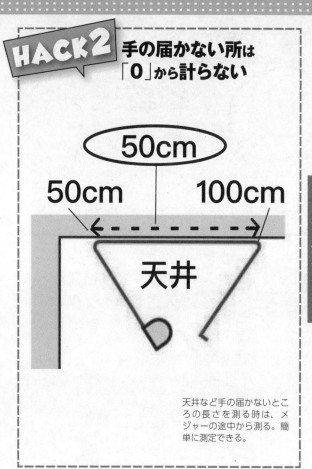

天井など手の届かないところの長さを測る時は、メジャーの途中から測る。簡単に測定できる。

第2章 家庭で使える！ライフハック

●真冬の防寒対策はアウターとインナーの間にフリースを着こむのが最強！

不動産業界の HACKS

物件に熟知している不動産の営業マン。特に賃貸物件はしっかり見極めないと、騒音や水回りのトラブルなどに悩まされてしまうことになりかねない。どんな部屋なら安心して住むことができるのか？良い物件かどうか見極めるための目利き力は不動産業界の常識を知るだけで Get できる！

 **壁を叩いてクロスの耐久性をチェック**

壁を叩いてみてコンクリートの感触があったら、直にクロスを貼っている証拠。コンクリートは結露が生じやすいので直貼りしているとカビが生えたり、契約期間満了前に剥がれたりする。

知っていると得をする！ 不動産業界こぼれワザ

●引き戸の下のゴミは輪ゴムを挟み込んで戸を動かすと取れる。

HACK2 お得な「サッシ」がある！

窓のサッシの上に小さな縦穴が空いているものがある。換気口で、窓をあけることなく適度に部屋の空気の入れ替えができる。

HACK3 マスキングテープとクリップで壁に穴をあけずポスターを貼る

マスキングテープ

磁石

クリップ

ポスターを貼る時は、マスキングテープで壁にクリップを貼り、磁石で固定すると穴をあけずに貼れる。

書店業界の HACKS

規模の大きい書店には100万冊もの本が置いてある。1日に200冊、1カ月には約6000冊もの新刊が出版されている。本の整理だけでも大変だが、いかにお客さんが本を探しやすく、手に取りやすいように本を置くことができるかどうかが書店員の腕の見せ所。売れる本屋の棚作りの秘密とは？

 **HACK 1** 両端に背の高い本が
くると綺麗に見える

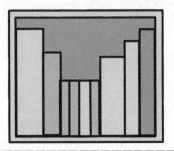

本は高さを揃えるだけでなく、背表紙の位置を揃えてあげると、きれに整理されているように見える。ただし、本の高さを揃えるのが難しい時は中央にかけて低くすると綺麗に見える。

知っていると得をする！ 書店業界こぼれワザ

●棚で本が前後2列になってしまう時は後の段にはティッシュの箱を置いて高さを出す。

HACK2 本を守る「ブックカバー」の作り方

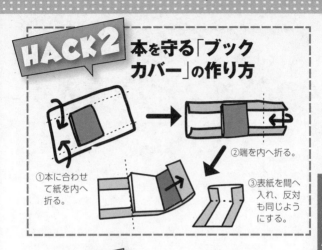

①本に合わせて紙を内へ折る。

②端を内へ折る。

③表紙を間へ入れ、反対も同じようにする。

HACK3 おしゃれに見せるには「面出し」

本棚の空いたスペースにブックスタンドで表紙が見えるように置く。おしゃれな表紙のものやお気に入りの本を置いて、おしゃれ本棚に!

●本は一番背が高いもので40cm。これをもとに棚の大きさを考えるといい。

家庭で使える! 部屋づくり④

インテリア業界の HACKS

モデルルームのような素敵な住まいをわが家にできるかどうかは、テクニックを知っているか知らないかだけ。インテリアコーディネーターが使う、簡単に部屋がランクアップする手法とは?

HACK 1 「観葉植物」をおくと 部屋が決まる

部屋の雰囲気にメリハリがつき、なんだかちぐはぐな部屋も不思議とまとまる。

知っていると得をする! **インテリア業界こぼれワザ**

● 絵画を飾る場合は、部屋で使われているアクセントとなる1色を基調とした色のものにする。部屋全体が引き締まり、おしゃれな雰囲気になる。

部屋を広く見せる 3つのポイント

「床」を見せる インテリア業界では、床面積の3分の2以上は床が見えている状態が理想とされている。収納は壁面収納を利用したり、家具も壁際にまとめるといい。

家具は「淡い色」に 「膨張色」である白や淡いベージュなどの淡色で統一させると部屋が広く感じられる。逆に赤やオレンジは圧迫感があって狭い印象に。

「抜け」をつくる 家具は自分の背よりも高いものは使用せず、配置も室内を一直線に見渡せるようにする。空間が生まれ広く感じる。

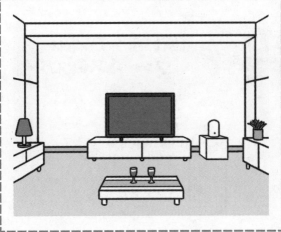

内装業界の HACKS

DIYブームで本格的に部屋の模様替えをする人も増えてきている。とはいえ、素人にはうまくできるかわからないし、部屋を傷つけるようなことはしたくない…。内装のプロはクライアントからの様々な要望に応えなければならない。壁や床など、部屋を傷つけることなく思い通りにするにはどうしたらいいのか、プロのワザをみてみよう!

HACK1 狭いキッチンには 「ウォールステッカー」

デザイン性のあるウォールステッカーをキッチンに貼るとカフェっぽくなるだけなく、奥行きが出て広く感じられる効果もある。貼るだけなので作業もカンタン!

知っていると得をする! **内装業界のこぼれワザ**

●タイルは中心を貼ってから左右を貼り始めると失敗しにくい。

水回りには「モザイクタイルシート」

本物の磁器質のタイルと塩化ビニルの目地材が1枚の粘着シートになったものを水回りに貼るだけ。カットは簡単なのに、タイル張りになる。

木材のツヤ出しには「米ぬか」

ぬか漬け以外にも！

米ぬかをガーゼで包み、水をひたしたものをギュッとしぼる。これでフローリングや木材の家具を磨いていくと、自然な光沢が出てツルツルになる。

物流業界の HACKS

さまざまな「物」を、「保管」「仕分け」「輸送」している物流業界。インターネット通販による需要拡大が続いており、国内の市場規模は25兆円にものぼる。いかに大量の商品を管理し、効率よく運ぶかがカギだ。この知恵は家庭でも使える！？

段ボールの崩れない積み方は"そろえない"！

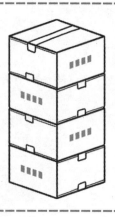

同じ向きにそろえて積んでいくのではなく、縦向き、横向きを交互に積むと崩れにくい。

知っていると得をする！ **物流業界こぼれワザ**

●段ボール作業にアームカバーは必須！意外と汚れる！切れる！

あかない
テープの貼り方

段ボールの底にガムテープを貼る時は「十」or「米」or「キ」の字になるようにするのが最強!

ガムテープを
きれいに
はがすには
「ドライヤー」

ガムテープにドライヤーを当てると粘着剤があたたまり、緩んで粘着力が弱くなる。

生花業界の HACKS

花屋は華やかなイメージがあるが、実際は長時間の肉体労働。しかも花という商品は非常に特殊で繊細。仕入れをして質のよい状態を保つためには気温や湿度の変化に負けない鮮度管理が必要だ。二次利用が難しい商品なだけに、できるだけ廃棄を出さないように、あの手この手で工夫している。果たして美しい花を長く楽しむためにできることとは？

HACK1 しおれてしまった花は「氷水」でよみがえらせる！

ビニール袋に氷水を用意。茎を数センチ切った切り花を入れ、花の部分は出して茎を閉じ込めるように袋の口をビニールで止める。花を横倒しにして茎と葉が氷水につかった状態で1時間ほど。復活していたら袋から取り出す。これなら花を横倒しにしているため、重力にさからわず、水を吸いやすい。

知っていると得をする！ 生花業界こぼれワザ

●花は「風にあたる」ことが苦手。空調などの風が直接当たらないところにおいてあげる。

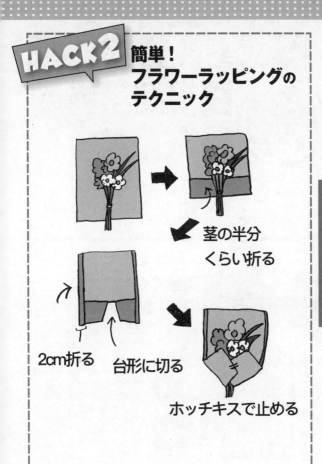

HACK2 簡単！フラワーラッピングのテクニック

茎の半分
くらい折る

2cm折る

台形に切る

ホッチキスで止める

●鉢花がしおれてしまったら、水を張ったバケツに鉢ごと入れる。1時間おきほどにチェックし復活していたら引き上げる。

図書館業界の HACKS

誰もが本を利用できる図書館。長年にわたって何度も借りられるため、手持ちの本よりも傷みが早い。とはいえ、公共機関であるだけに自由に買えるわけではない…。そこで活躍するのが本の長持ちテクニック。お気に入りの本で試してみては？

HACK 1 「開きぐせ」で新しい本が長持ち！

本を置いて表紙を開き、本の中身を左手に持った状態から右手をテーブルに押さえつけるように押さえる。中身も、ページの数か所に同じように開きぐせをつける。本が背の部分から壊れることが少なくなる。

知っていると得をする！　図書館業界こぼれワザ

●ページの根元から完全に割れてしまった本は本の修理用テープを使う。本の修理用テープは時間がたっても変色せず、紙を傷めにくい。

本の修復は
木工用ボンドで!

ボンドをつける

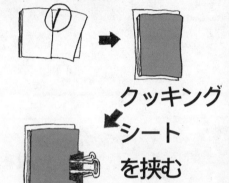

→ クッキング
シート
を挟む

クリップで止める

ページが剥がれかけている部分に、木工用接着剤をつまようじなどで塗る。塗り終えたら、塗った接着剤が他の場所につかないように、修復箇所にクッキングシートを挟み、大きめの山型クリップで本を押さえるようにして挟み込み、半日ほど固定して乾燥させる。

ペット業界のHACKS

子どもの数よりペットの数のほうが多いといわれている昨今。トリミングやドッグカフェ、マッサージなど人間顔負けのサービスも生まれている。飼い主の満足度を高めるためにも、ペットの満足度は必須! 日々、ペットと向き合う世界で行われていること、ご家庭のペットちゃんにもおすすめ!

HACK1 ネコのご機嫌は「歯ブラシ」で取る!

歯ブラシはちょうどネコの舌のサイズで、なでた時のザラザラ感がお母さんがナメてあげる感覚と似ている。額や喉、背中、横腹などをブラッシングしてあげると良い気持ちに。この隙に爪切りなどをしてあげるといい。

知っていると得をする! **ペット業界こぼれワザ**

● カーペットなどに絡んでしまった毛はカメノコダワシで毛先の流れと逆向きにブラッシングすると取れる!

80

HACK2 おとなしくさせるには「保定」をする

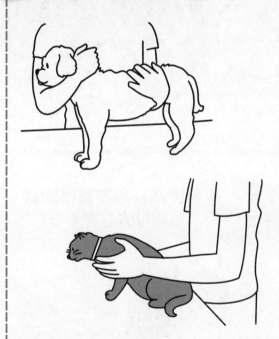

犬やネコが暴れたり動かないようにする抱き方を「保定」という。
耳掃除や爪切り、薬をつける時…関節などを上手に押さえることで
お互いに負担なくケアできる。

81

家庭で使える! 生活⑤

アパレル業界の HACKS

衣類をいかに魅力的にみせることができるか。これぞアパレル業界で働く人の使命。おしゃれな組み合わせが提案できるだけでなく、美しい陳列テクニックも必要。プロによる衣類の取り扱い方とは?

HACK1 アパレル写真は素材で撮り方を変える!

平置き

トルソー

高さを出す

フリマサイトなどで洋服の写真を撮る場合、素材感を出したいなら「平置き」、デザインをみせたいなら「白壁&トルソー」で撮るときれいにみえる。

知っていると得をする! アパレル業界こぼれワザ

●ハンガーにダブルクリックをつけるとズボンかけになる。

 衣類の高速たたみ術

Tシャツ

1/4折る

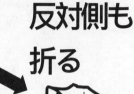

反対側も
折る

半分折る

●脱いだ服はすぐにしまわない。外に置いて持っている熱を冷ましてからだ
と、においや湿気が残らない。

リサイクル業界の HACKS

エコブームがあり、フリマアプリや中古品市場が拡大しているリサイクル業界。プロは、たんに不用品を売買するだけでなく、リユースするためのひと工夫を加えることで新たな付加価値を生み出している。もう使えないと思っていたものも、アイデア次第で再びその役目を取り戻すことができる！

HACK1 傘の水弾きは「ドライヤー」で復活！

傘の表面に塗られているフッ素樹脂加工は摩擦によって、撥水の性能が落ちてしまう。熱を加えることで撥水性能が復活する（布製の傘のみ）。

知っていると得をする！ リサイクル業界こぼれワザ

●木製家具の傷は、むいた生クルミでこすると目立たなくなる。

 **プラスチック吸盤は「ハンドクリーム」で復活！**

くっつく力の弱くなった吸盤は壁との間に真空の空間を作れなくなっている。ハンドクリームをうすーく塗ることで、吸盤と接着面との間の凸凹に入り込み、真空の空間を作りやすくしてくれる。

HACK3 革製品についた水シミは「水ぶき」で復活！

雨などでできてしまった水シミ。いくら乾かしても、シミが残ってしまう場合、全体を水ぶきすると皮全体が水を含むことでシミは目立たなくなる。

●珪藻土はやすりでこすると復活する。

電力業界の HACKS

電気を使う製品は爆発的に増えているが、電気は使い方によって大きく電気代が左右する。電気のスペシャリストたちはふだんどのように使用しているのだろうか。電気の性質を利用した賢い使い方を紹介!

HACK1

エアコンは「自動運転」がもっとも省エネ

電気代の高い家電がエアコン。使い方次第で大きく電気使用量が変わる。自動運転にするほか、30分程度の外出ならつけっぱなし、2週間に一度のフィルター掃除などで使用量を減らせる。

設定温度

自動

風向 | 風量

運転

自動 | 停止
冷房 | ドライ
暖房 | 送風

知っていると得をする! 電力業界こぼれワザ

● PC を起動する時にかかる電気代は PC を1時間45分つけているのと同じくらい。こまめなシャットダウンではなく「スタンバイ」を活用。

地震後の停電では ブレーカーを落とす

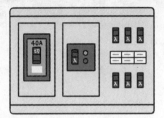

地震後に停電が起きた場合、ブレーカーを落としておくことで通電火災を防ぐことができる。

冷凍庫は 詰め込むほどお得！

お互いに冷やしあうため、冷凍庫は余計な空間がないほうがいい。冷凍しても固まらないので味噌も冷凍庫に入れてOK！

●節電タップは常時使用のものでは節電タップを光らせるのに電力を使ってしまうので注意が必要。

家庭で使える! 生活⑧

通販業界の HACKS

注文すれば翌日に届いたり、受け取りをコンビニでできたりと、すっかり通販で買い物するのが多くなった人も多いはず。一方で思っていたものと違った、レビューを信じたのにサクラだったみたい…とトラブルも絶えない。満足度の高い買い物をするために、注意すべきポイントは?通販業界にいるからこそ選ぶもの、避けるもの、その線引きはどこに?

HACK 1

「通常価格」の文字が付いた商品はお得じゃない!?

通常価格10,000円

5,445円（税込）　○：在庫有
4,950円（税抜）

🛒 カートに入れる（配送）

よく見かける「今なら通常価格5000円から50%オフ」という言葉。もしかしたらオフの価格が適正価格である二重価格表示の可能性あり!

知っていると得をする! 通販業界こぼれワザ

●スマホはネットで買うのが意外とお得。

HACK 2 「NET」という表示があるのは良心的な食材業者

第2章 家庭で使える! ライフハック

食品を買う時に思っていたものと違った…とならないためにチェックしたいのが「NET」の表記。量を「NET500 g」などと表記していたら正味の重さのこと。悪徳業者は L サイズなどぼかしていることが多い。

引っ越し業界の HACKS

いざ引っ越しが迫ってきても、なかなか荷造りが進まず、当日まで徹夜で作業…。なんて経験がある人も多いだろう。その点、お任せパックなどで業者に頼めば、その早いこと!てきぱきと物を詰め、あっという間に次の住居へ。この差はいったいどこにあるのか?いざ引っ越しという時に使える方法を紹介!

HACK1

「養生テープ」があれば荷ほどきもラクラク!

養生テープとはガムテープより粘着力は弱いが、はがしやすく、手で切りやすいテープのこと。重なった部分ははがれないので、引き出しやコードをまとめる際にとっても便利!

知っていると得をする! **引っ越し業界のこぼれワザ**

●調味料は大きな鍋の中に入れ、空いた空間にふきん類を入れると場所も取らず、荷ほどきもラク。

HACK2 服は「ゴミ袋」で まとめる！

日本の引越センターでは、ハンガーに掛けた服をそのままラックに掛けて梱包する「クローゼット式ボックス」を使っている業者が多い。すぐ着る、しばらく着ないなど袋ごとに色分けして、すっぽり覆って、そのまま梱包すればハンガーや服でごちゃごちゃすることもない。

HACK3 引き出し付きの ボックスは「ラップ」で 巻く

カラーボックスや衣装ケースなど引き出しのついたものは、ラップでぐるりと巻くと飛び出さず、テープ跡などもつかない。

●引っ越しの際は、ついでに引っ越し会社が提携しているガス、電気会社に乗り換えると、割引がきく。

美容・理容業界の HACKS

その人の美しさやカッコよさを髪で引き出す美容師。施術中にはヘアケアやアレンジ方法などのアドバイスもしてくれ、参考にしている人も多いのではないだろうか？美容師自身もその人に似あったスタイルで働いているが、自分自身にはどんなケアをしているのだろう？髪のプロがしているお手入れ方法とは……

HACK 1　固めた髪は「リンス」で洗う

リンス → シャンプー → リンス

ガチガチに固めた髪の毛は、リンス→シャンプー→リンスの順で洗う。髪を傷めることなく整髪剤を落とし、洗うことができる。

知っていると得をする！　美容・理容業界のこぼれワザ

● 髪を乾かすときは、バスタオルを巻いた状態で乾かすと早く乾く。

● 髭は蒸したりおふろで温めてから剃る。髭が柔らかくなることで、かみそり負けをしにくくなる。

HACK2 シャンプーは下から上へ

人の毛穴はたいてい下向きについている。このため、下から上に向かって洗っていったほうが毛穴の汚れが落ちやすい。

HACK3 トリートメントは「揉みこみ」で差がつく!

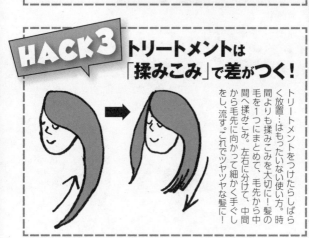

トリートメントをつけたらしばらく放置…はもったいない使い方。時間よりも揉みこみを大切に! 髪の毛を1つにまとめて、毛先から中間へ揉みこみ。左右に分けて、中間から毛先に向かって細かく手ぐしをし流す。これでツヤツヤな髪に!

●少量のシャンプーでもビニール手袋をするとしっかり泡立たせることができる。

93

殺虫剤業界の HACKS

蚊やゴキブリと日夜攻防を繰り広げている殺虫剤業界。特に近年では薬剤耐性がついたゴキブリが登場するなど、私たちの生活を脅かす場面が増えている。ゴキブリ対策にはさまざまな薬品があるが、どれが一番効果的なのか?業界で注目されているものは…

HACK1 ゴキブリには「ホウ酸だんご」!

ゴキブリはホウ酸の耐性はつかないといわれている。スプレータイプのもので捕らえきれない時は、ホウ酸だんごを置いておこう!

知っていると得をする! 殺虫剤業界こぼれワザ

●蚊取り線香は蚊に限らず虫全般に使える。ダニやゴキブリなどにも効くので年中使ってOK!

もっと美味しく!
ライフハック

食肉業界の HACKS

値段も手ごろで美味しいものが増えてきた食肉。せっかくならより美味しいものを選びたい! 良い店かどうかの見極め方から、より新鮮でおいしいお肉の選び方まで、肉屋だからこそわかるテクニックを紹介!

HACK1 店の良し悪しは 「鶏挽肉」で決まる!

食肉店で傷むのが一番早いのは鶏挽肉。挽目がしっかりしているものが新鮮な証拠! 肉は挽肉→細切れ→ブロック肉の順で傷みやすい。

知っていると得をする! **食肉業界こぼれワザ**

●冷凍肉は氷水解凍が一番うまみが残る!

 いい肉は脂肪と赤身の
境界線がはっきり!

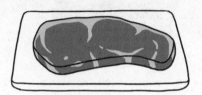

肉は鮮度が落ちると脂肪が溶け、身のほうへなじんでいってしまう。
脂肪と赤身の境界がはっきりしているもののほうが新鮮!

 挽肉をこねたぬめりは
「砂糖」で落ちる!

ハンバーグなどを作る
時、肉をこねると手が
ねっとりしてしまう。こ
れは砂糖をまぶして手を
こすってから普通に洗う
と簡単に落ちる!

●鶏胸肉を水に対し3%の塩を入れたものに2時間ほど浸す。パサつきがち
な鶏胸肉もしっとり!

鶏卵業界の HACKS

価格の優等生とも言われる鶏卵。栄養価も高く、ゆでたり焼いたりと料理の応用も効くので冷蔵庫には欠かせない。ところが卵の正しい取り扱いを知らない人は意外と多い。せっかくなら美味しく卵を味わうための方法を知っておこう!

HACK1 卵はパックに入れたまま保存する

ドアポケットに収納する人も多いかもしれないが、雑菌の発生を防ぐためにも卵はパックのまま、冷蔵庫の奥で保存。

知っていると得をする! 鶏卵業界こぼれワザ

●かたゆで卵は指でぎゅっとつまんで切ると、断面がスパッときれいに切れる。

HACK 2 卵の殻は水でぬらした指で取れる！

卵を割った時に入ってしまった殻のかけら。水でぬらした指で触れば、あっという間に指にくっつく！

HACK 3 レンジでだし巻き玉子ができる！

お弁当の定番だし巻き玉子は電子レンジで半熟状態にした卵液をラップとアルミでくるんで成形、冷ますだけ。同時進行でおかず作りができる。

●かさばる卵パックはお湯をかけるとペラペラに！

もっと美味しく！ 食材③

青果業界の HACKS

毎日店の看板を背負って仕入れをしている八百屋さん。否が応でも良い野菜の見分け方が身につくだけでなく、青果の扱い方、意外な使い方までも熟知している。知ればつい試したくなる！

HACK1

虫刺されの 応急処置に "バナナ"！

虫に刺されたり、ウルシ科の植物に触れたりしてかゆくなった部分にバナナの皮をこすりつけると、かゆみを緩和＆保湿してくれる。

知っていると得をする！　**青果業界こぼれワザ**

●スイカは竹串を刺してから切ると等分しやすい。

HACK2 かんたんな 野菜の皮むき法

トマト
トマトはヘタ側をフォークで刺し、まんべんなくコンロであぶる。あっという間に皮がむけてくる。

つまようじで切り込みつける

親指でめくるようにむく

大根
輪切りにした大根の皮に深さ5mmほどつまようじで切り込みを入れる。切り込みに親指を差し込んではがすと皮がむける！

グレープフルーツ
グレープフルーツは沸騰したお湯で3分茹でる。冷やしてからだと手でも簡単にむけるように！

●キャベツはつまようじを刺しておくと長持ちする。

水産業界の HACKS

魚を買う時に気になるものといえば「鮮度」。しかし、たとえ魚屋であっても、魚を見て触ってこれは鮮度がいい!と思っても、実際におろしてみると鮮度が悪い…ということもあるという。ならば、できるだけ新鮮な魚を取り扱っているこだわりの店の探し方から、鮮度のいい魚の選び方まで、魚屋目線でみていこう!

HACK1 いい魚屋は「アラ」を売っている

新鮮な魚を売っているかどうかは「アラ」。丸魚をおろしているから「アラ」がでる。ブリ、生鮭、真鯛、まぐろのアラが出ているのは鮮度にこだわる魚屋。また市場が休みの時を休業日にしている店も鮮度にこだわっている店。

知っていると得をする! 水産業界こぼれワザ

●あさりは50度のお湯につければすぐに砂抜きできる。

HACK2 美味しい魚の見分け方

・アジ
黒目と白目の境がはっきりしているもの。全体的に丸みがある
ものを！

・イワシ
斑点があざやかなもの。お腹周りがどっしりしているものを！

・サンマ
肩から背びれにかけて盛り上がっているもの。口ばしが黄色や
オレンジ色のものもいい。

・ぶり
血合いの色味があざやかなもの。吸収紙がきれいなものを！

・まぐろ
柵を側面からみたときに、縦にスジが入っているもの。角がと
がっているもの。

●カニは両側の関節を切り落とし、太いほうを下に向けて勢いよく振るとき
れいに身が取れる。

氷業界の HACKS

ひとつ 1000 円以上もする高級かき氷は今や夏の定番となった。特に "氷" が家庭で作るものとは全く違う。それもそのはず、氷屋は純水を 48 時間もかけて凍らせているが、この技術、ちょっとした工夫で一般家庭の冷蔵庫でも作ることができる！

HACK1 家でできる！ 氷屋さんの氷

製氷カップ　　緩衝材

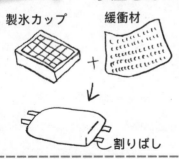

＋

↓

割りばし

製氷カップに水を入れた後、緩衝材で製氷カップを包み、カップの下に割り箸を敷いて冷凍する。ゆっくり凍るだけでなく、底にも空気が通ることで均一に凍らせることができる。

知っていると得をする！　氷業界こぼれワザ

● ケーキ屋で保冷材ではなく「ドライアイス」を使っている店は要注意。乳製品は炭酸ガスと反応し、酸っぱくなってしまう。

氷をふわふわにする "30秒"

30秒

「ふわふわかき氷」を
つくる時には、氷を
電子レンジ600wで
30秒温めて、表面が
濡れるまで3〜5分
ほど常温で放置する。
氷にかき氷機の刃が
滑らかに入るように
なり、カツオ節のよう
に薄く長く削ること
ができる。

HACK3 くっついた氷は「たたく」と離れる

スプーンの背を使って
「コンコン」と面をたた
くと引き離せる。氷は
紙袋に入れて冷凍保存
するとくっつきにくい。

麺業界の HACKS

ナポリタンやラーメンなど独自の発展をして、世界でも認められている日本の「麺食」。麺の製造過程を知り尽くしている製麺業界からすると、たとえ安い麺でも美味しく食べる秘訣がある。毎日の食事がワンランクアップする「麺」の使い方を紹介！

HACK1 「パスタ」を「ラーメン」に変える！

パスタ ＋ 重曹

乾麺タイプのパスタを重曹でゆでると「ラーメン」の味に。これは重曹と小麦粉に含まれるグルタミン酸が合わさると化学反応によって中華麺特有のにおいが生まれるため。

知っていると得をする！ 麺業界こぼれワザ

●麺の吹きこぼれは鍋底に「小皿」を逆さに置くと対流が鍋の内側に変わり、起きにくくなる。

ベチャッとしない 焼きそばのつくり方

酒大さじ1を入れる

野菜や肉を炒めた後、麺を入れてほぐす。この時に水ではなく「酒」を大さじ1杯入れると余分な水分が残らない。

激安ゆでうどんに コシ出す!

激安うどんは多加水麺といい、品質を保つために多くの水分を含ませている。そこで、袋から出したうどんを皿にのせ、ラップをかけて500wのレンジで2分加熱。加熱し終わったら表示通りにお湯でゆでるとコシのあるうどんに!

●お湯1Lに対して牛乳大さじ1を入れてゆでると、鍋底に麺がくっつくのを避けられる。

米業界の HACKS

炊きあがりのふっくらツヤツヤとしたごはんは、おかずがなくてもそれだけで美味しい！それだけに、ごはんが美味しくないとなんだか食事全体も残念な気持ちに……。新米だけでなく、ふだんからも美味しいごはんを食べるために、お米のエキスパートはどうやってお米を選び、炊いているのだろうか？

HACK 1

新米は「冷蔵庫」で保存

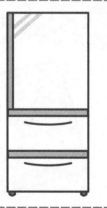

米は空気に触れることで酸化して味が落ちてしまう。また水を吸いやすいのでシンク下など湿気の多いところも避けたほうがいい。より美味しく食べたい時は密封容器に入れて冷蔵保存するのがいい。

知っていると得をする！ 米業界こぼれワザ

● 「複数原料米」や「ブレンド米」と表記してあるものはいろいろな種類のお米が混じっている。「単一原料米」と書かれているものを選んだほうが美

HACK2 氷を入れて炊く

ごはんを炊く時に、沸騰するまでの時間が長くなるとごはんの甘みが増す。そこで、1合につき1個の氷を入れ、氷分の水を減らして炊く。するとお米の甘さが引き立つ美味しいごはんが炊ける！

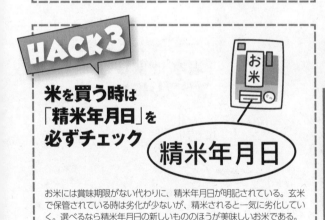

HACK3

米を買う時は「精米年月日」を必ずチェック

精米年月日

お米には賞味期限がない代わりに、精米年月日が明記されている。玄米で保管されている時は劣化が少ないが、精米されると一気に劣化していく。選べるなら精米年月日の新しいもののほうが美味しいお米である。

味しいお米に当たる確率が上がる。

冷凍食品業界の HACKS

冷凍食品は添加物が多く体に悪いといわれていたのは昔の話。いまやプロ顔負けの味が再現されているものや、食材の鮮度を落とさないように冷凍したものなど、技術の進化が著しく、自宅の冷凍庫は常備品でいっぱいという人も多いだろう。そんな冷凍食品をより美味しく味わうには? アイデア次第で美味しさは変わる!

HACK1 シーフードミックスは「塩水」で戻してプリプリに!

エビやイカなどがまとめて冷凍されているシーフードミックスはそのまま解凍するとしぼんでしまうことが多い。塩水につけて解凍すると本来のプリプリ具合に!

知っていると得をする! 冷凍食品業界こぼれワザ

●料理清酒をひとふりしてレンジで加熱すると、パサつかず、いやな臭いも消える。

冷凍食品のより 美味しい味わい方

● 冷凍ハンバーグを崩しながらトマトソースで煮込むと 絶品のミートソースに！

● レンジで解凍する冷凍焼きそばは従来の時間にプラス してあたためると美味しいかた焼きそばに！

● チャーハンをプロの味にするにはフライパンではなく レンジで。風味が飛ばず美味しくできる。ドーナツ状 に広げると熱がまんべんなく伝わる。

第3章 もっと美味しく！ ライフハック

製菓業界の HACKS

小腹が空いたときや休憩時間に欲しくなる甘いものやスナック菓子。お菓子メーカーはおいしさを追求するだけでなく、いかに便利に食べ進めていけるか提案もしている。また、レシピ通りにつくっているのになんだかうまくいかないお菓子作りの解決法はプロのテクニックで解消できる！

HACK1 小銭を使うと 袋お菓子は一瞬で開く

固定 ▲奥へずらす

10円玉などの硬貨を2枚用意する。袋菓子の切り口を挟んでそのまま開けると…力を入れずにスッと開く！

知っていると得をする！　製菓業界こぼれワザ

●バターをすぐに室温に戻す時。細かく刻んでレンジで10秒。混ぜて3秒ずつ加熱してかためのクリーム状になればOK！

袋お菓子は道具いらずで閉められる！

① 両角を内側に折る

② 上を2~3回折る

③ 三角部分を裏返す

④ 完成

●卵をすぐに室温に戻す時。ボウルに割り入れほぐす。50 ～ 60 度のお湯に混ぜながら湯煎にかける。

パン業界の HACKS

これまでにないほど柔らかく、しっとりもちもちで大人気になった高級食パン。従来にはない味をだすために原料にも製法にもこだわって作られただけあって値段もまさに"高級"。家庭でリーズナブルに楽しむには…。プロの裏ワザを実践してみよう。

HACK1 本当においしいパンの食べごろ

フランスパン	焼き上がりから3時間後
天然酵母のパン	翌日
食パン	粗熱が取れるころ
ライ麦パン	翌日
惣菜パン	できたて

知っていると得をする！ パン業界こぼれワザ

● 食パンを横に倒し、底側と側面の角から切り込み、力を抜いてナイフを引くように切ると潰れにくい。

ただの食パンを「絶品食パン」に変えるトースト法

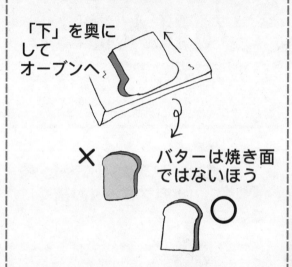

「下」を奥に
して
オーブンへ

✕

バターは焼き面
ではないほう

◯

オーブントースターにアルミホイルを敷いて、食パンの下の部分が
奥になるようにオーブントースターに入れる。
食パン1枚を1000Wで2分加熱。
焼き目のついていない面にバターを押し付けないように塗って完
成！バターの面が下になるようにして食べるとより美味しい！！

もっと美味しく! 食品④

インスタント食品業界 の **HACKS**

手間ひまかけて作った料理や、行列の絶えないレストランなどの食事はきっと美味しいことだろう。しかし、忙しい時に食事に時間を割くのは難しいものだ。手軽なインスタント食品で済ませてしまう人も多いだろう。だからこそ、インスタント食品の美味しい食べ方を試してみてほしい。忙しい時ほど、美味しいものは活力になってくれるのだから。

 インスタントコーヒー の内ブタは「くり抜く」

紙は残す

インスタントコーヒーの内ブタ（紙のシール）は、ナイフなどの刃を容器の内径に沿って動かしくり抜く。容器のふちに紙のシールがきれいに残ることでフタをした時の密閉率が上がり、湿気が入りにくくなる。インスタントコーヒーの風味が長持ちし、最後まで美味しいコーヒーが楽しめる。

知っていると得をする！ インスタント食品業界こぼれワザ

●カップ麺の作り方に書かれている「熱湯」とは沸かしたてのお湯ということ。美味しく作るには85度や90度のお湯ではなく100度のお湯を入れる。

HACK 2 カップ麺は待ち時間 2／3で「ほぐす」

手早く混ぜる

待ち時間3分のカップ麺の場合、2分の時に手早くほぐす。熱が通りにくい中心は固くなりがち。ほぐすことで均等になり、コシが生まれる。

HACK 3 カップスープは「先混ぜ」でダマ回避

先混ぜ！

カップスープは少量の水でペースト状にしてからお湯を加える。こうすることでダマになったり、粉っぽくなったりせずに美味しく飲むことができる。

和食業界のHACKS

肉じゃがや冷ややっこなど家庭でも定番の料理も、小料理屋で出されるとなんだか一気にランクアップ。小さな小皿に乗せられた繊細な料理は和食の醍醐味でもある。このように小皿料理が充実しているため、洋食よりも5倍ものお皿を使っている。どんなテクニックがあるのか？ 日々の食事をワンランク上げる術を盗もう！

 **魚の臭みは流水で3秒流すだけ！**

水で流した後はクッキングペーパーでしっかり拭き取る。魚の生臭みのもとになっているのは「トリメチルアミン」でトリメチルアミンは水に溶けるため、洗い流せば取り除ける。3秒以上だと水分が魚の中に入り、水っぽくなる。

知っていると得をする！ 和食業界こぼれワザ

●包丁や鍋類を洗うには傷がつきにくい「へちまたわし」を使用するといい。

HACK 2 盛り3原則

赤・黄・緑の
「彩り」で
華やかに

食材は器の
70%で上品に

盛って高さを
出すと
美味しそうに！

第3章
もっと美味しく！
ライフハック

●イワシや小あじなどの小さな魚は内臓を取った後、歯ブラシでキレイに処理する。

中華業界の HACKS

餃子やチャーハンなど家庭料理の定番でありながら、プロの味を再現しにくいのが中華料理。火力や素材が違うからというのもあるかもしれないが、下準備が抜けているだけだったりする。中華の本場で行われているテクニックを使えば、"家中華"が格段においしくなること間違いなし！

美味しい中華の決め手は「漿（チャン）」

「漿（チャン）」とは下味のことだが、これをするのとしないとでは肉の柔らかさや魚介のプリプリ感が全く違う。やり方は簡単、素材200ｇに対して塩小さじ1/4、酒小さじ1、胡椒少々、溶き卵1/3個をよく揉み、混ざったところに片栗粉大さじ2、油大さじ1を入れ混ぜ込む。熱した油で30秒〜1分炒め、ペーパータオルに取る。炒め物の具材として通常の調理に使える。

知っていると得をする！ 中華業界こぼれワザ

●新しく油をおろすときはショウガとねぎの切れ端を入れて熱し、あらかじめ風味をつけている。

HACK 2 シャキッと美味しい炒め物は「鍋2つ」で実現！

プロの火力に及ばない家庭用コンロで美味しい炒め物をつくるには、鍋2つあれば解決！鍋にお玉2杯程度の油を入れ熱する。次に別の鍋で炒め物をし、火が通ったところを見計らって油をまわしかける。強い火で炒めたのと同様、具に熱が一気に通る。あとは油をきって再度炒めて味付けをすれば、シャキシャキの炒め物が完成する。

HACK 3 ハムはふんわり半分にしてから切るとくっつかない

半分にしてから

切る

細切りハムをくっつかずに切るポイントは、半分にしてふんわりした状態で切っていくこと。これでくっつかずにパラパラのハムができる。

●美味しいチャーハンの味付けは最後。熱による味の変化を出さないため、調味料を入れたら軽くゆすってなじませるだけでOK！

洋食業界の HACKS

西洋風の料理ではあるものの、日本で幕末から明治期にかけて生まれ定着した"洋食"。だからこそ、プロのワザはフレンチやイタリアンよりも家庭で取り入れやすい。どれもさっそく今日からマネできるものばかり！プロの味でおなじみの料理を楽しもう！

HACK1 まるでレストラン！洋食の盛り付けテク

ハンバーグは
2色以上

サラダは
ふんわりと

知っていると得をする！ 洋食業界こぼれワザ

● エビフライはお腹に5か所ほど切れ込みをいれるだけでまっすぐに揚がる。
重曹水につけたエビを使えばよりプリプリ度アップ！

HACK2 安い乾燥パスタは「水」でもちもち生パスタ食感に!

パスタ

水に2時間

安売りされている乾燥パスタは2時間ほど水に浸しておく。浸した水を鍋に入れ、ゆでるのに必要な分の水を足し、塩を加えてゆでる。1〜2分早めにあげてソースを絡めてできあがり!

HACK3 ふわふわのキャベツの千切りも「水」がマスト!

キャベツを千切りにした後に水にさらすだけで、シャキシャキふわふわな千切りになる。5分ほど水にさらしても栄養価は1割ほどしか流出しないので、さらさないのはもったいない!

●余ったカレー200gにマーマレード小さじ1、ピーナッツバター30g、牛乳300cc、一味唐辛子でタイカレーになる。

もっと美味しく！ 器具

刃物業界の HACKS

包丁の切れ味がいいだけで、料理の効率があがるだけでなく、楽しく調理ができる。本来ならきちんと研石を使って研ぐ、食材ごとに適切なナイフを使うのが基本だが、万能包丁1本しかない…。そんな時に有効な方法とは？

HACK 1 研石がない…そんな時はお皿の裏で！

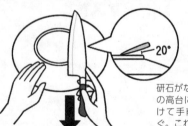

研石がない場合、お皿の裏の高台に包丁を20度に傾けて手前に引くように研ぐ。これで包丁の切れ味が復活する。

知っていると得をする！ 刃物業界こぼれワザ

●ぬらした包丁に粉末クレンザーをつけ、水でぬらしたワインのコルク栓でこすると包丁のさびが取れる。

HACK2 うまく切れない… を解消する切り方テク

チーズ・バター
クッキングシートに包丁を挟んでから押すように切る。

ローストビーフ
冷やして、繊維に対して直角に切る。

太巻き
ぬらしたキッチンペーパーで包丁を挟み、そのまま押すように切る。

●油揚げを包丁の背で優しくこするだけでパカっと開く。

もっと美味しく！ 飲み物①

ビール業界の HACKS

「とりあえずビール！」の最初の一杯ほど美味しいビールはない。が、同じビールでも注ぎ方によって味わいが変わるのをご存じだろうか？本来ビールは味わいを引き出すために、種類によってグラスも注ぎ方も違うもの。そんなにグラスなんてないよ…という家庭でも最大限に美味しさを引き出すビールの飲み方とは？

HACK 1

振った缶の泡が飛び散らない

缶をまわしながら側面を軽く指ではじく。軽い衝撃を加えることで容器の内側に付着している気泡を剥がすことができ、液体と一緒に吹きこぼれるのを防止することができる。

知っていると得をする！ ビール業界こぼれワザ

●ぬるいビールを急いで冷やしたい時は濡れたキッチンペーパーで包み冷蔵庫へ入れる。

味わいが変わる ビールの注ぎ方

爽快感を感じる一度注ぎ

勢いよく注ぎ、程よくビールの炭酸を飛ばすことで喉に引っかかる感じを除去できる。

のど越しのよい二度注ぎ

一回目は勢いよく注ぎ、炭酸をしっかりと飛ばす。泡が少し収まるのを待ってから二回目をグラスの縁から注ぐ。泡とビールの比率は 2.5：7.5 程度がベスト！

泡が長持ちする三度注ぎ

一度目はグラスを斜め 45 度に傾け勢いよく注ぐ。グラスの側面を滑らせるように注ぐのがポイント。ビールを勢いよく泡立てるのが一回目の役割。2 分ほど泡が収まるのを待つ。

　ビールの泡の量が全体の三分の一程度になったら二回目を注ぐ。グラスの縁からそっと泡の下にビールを潜らせるような注ぎ方をする。

　三回目も二回目と同じようにグラスの縁から泡を持ち上げるように注ぎ、グラスの上高さ 2cm 程度の泡が盛り上げれば完成。

もっと美味しく！ 飲み物②

飲料業界の HACKS

かつては買うものではないといわれていた水とお茶は飲料メーカーの主力商品となった。容器も、ビンだけでなく、缶、ペットボトル、紙パックと多様化している。美味しく飲むためにも、それぞれの製品にあった飲み方ポイントを知っておこう！

HACK1 こぼさない注ぎ方は 「口が上」

飲み物をそそぐ時は、出る分と同じだけ空気が入ろうとする。そそぎ口が下だと、空気が入りにくくなるので、はねたりする。そそぎ口を上にすると、空気の入るスペースができやすくなり、安定して注ぐことができる。

知っていると得をする！　飲料業界こぼれワザ

●災害備蓄には「非常用保存水」にする。賞味期限が5～10年と通常の水よりも賞味期限が長い。

HACK2 困った「炭酸」は こう対処!

注ぐ前に氷を水に くぐらせておく

氷の入ったコップに炭酸飲料を注いだら急にあふれて困った…。これは氷についたでこぼこが炭酸への大きな刺激となっているため。解消するには氷をコップに入れる前に水に入れておくといい。

炭酸復活は重曹とクエン酸で!

重曹を入れ、よく溶かす。溶けにくい場合は少し温める。氷を入れ、クエン酸を入れると炭酸が復活する!

炭酸飲料は逆さにした 保存!

ペットボトルの炭酸飲料はしっかりフタを閉めた後、ひっくり返して保存。これだけでより密閉空間がつくられ、炭酸の抜けを防ぐことができる。

乳牛業界の HACKS

酪農の現場も近代化が進み、搾乳ロボットや機械によるエサやりなどが行われている。といっても、相手は牛。やはり人の手が必要だ。美味しい牛乳を届けるために日夜牛と向き合っている。気軽に買える牛乳だけど、ちょっと気をつけるだけで美味しい牛乳が手に入る。

HACK1 牛乳の旬は春と秋！

乳脂肪分と無脂乳固形分のバランスがいいのが春と秋。冬は脂肪分が増えこっくりとなり、夏は逆にさっぱりとした味わいになる。

知っていると得をする！ 乳牛業界こぼれワザ

● 80度くらいに温めた牛乳200mlにお酢大さじ1を入れて混ぜると、ホエイとカッテージチーズができる。どちらも栄養価が高い！

第4章

外出先で使える！
ライフハック

小売り業界の HACKS

スーパーマーケットでベテランと新米の差がつくのは「レジ打ち」。どこでつくかというと、バーコードの読み取りやお金のやりとりではなく、商品をどう置くか。牛乳パックのような大きくてかたいものから、いちごのようにつぶれやすいものまでさまざま。一瞬でかごの中を組み立てるワザはそのままレジ袋でも使える!

HACK 1 スーパーは「チーズ」で見分ける

種類が豊富で賞味期限もそれぞれ違う「チーズ」。賞味期限切れのものが混じっていることも。仕入れにも力を入れ、きちんと管理できているスーパーは良いスーパーといえる。

知っていると得をする! 小売り業界こぼれワザ

●ほかの野菜に比べて傷みのはやいもやしが新鮮だといいスーパー。

袋詰めの極意

牛乳と卵で土台をつくる。卵は
横からの力には弱いが上からの
力には強い。続いて冷凍食品、
肉パックの順でつめる。葉もの
は立てて入れ、最後に食パンな
ど柔らかいものを入れる。

●対面キッチンの総菜売り場があるスーパーは惣菜に自信のあるスーパー。

化粧品業界の
HACKS

デパートの華である化粧品売り場。化粧品の使い方に習熟し、きれいに魅せるテクニックから、意外な使い方まで教えてくれる。対面だからこそ使える、売り場のお得な訪れ方やメイクテクはデパコス販売員ならでは!

HACK1 限定コスメは販売1週間後が狙い目

1週間後

限定コスメは予約に間に合わなくても、1週間後に店頭で手に入ることがある。これは予約の取り置き期間が過ぎ、自動キャンセルとなるため。

知っていると得をする! 化粧品業界こぼれワザ

●目元はコンシーラーではなくハイライト!透明感が出てきれいに見える。

マスカラのダマは「歯ブラシ」でなおす

ダマになってしまったマスカラ。コームよりも簡単でお手軽なのが歯ブラシを使うこと。1本1本きれいなまつ毛に仕上がる。

肌きれい！のポイントは「頬」

ファンデーションは全体に厚塗りするのではなく、頬だけきれいにカバーすると肌がきれいに見える。

●湯船につかりながらクレンジングすると、蒸気がスチーム代わりになり、毛穴汚れもすっきり！

コンビニ業界の HACKS

日々の食事、郵便の発送・受け取り、ちょっとした買い物…あらゆる商品を取り扱い、24時間営業しているコンビニが生活に欠かせないという人も多いだろう。なかなかお客さんがゼロになるということも少なく、ベテラン店員になると、気配だけで客の接近をキャッチできるようになるという。コンビニ使い倒し術とは

HACK 1

レジ袋が 一瞬で 開く部分がある

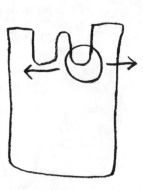

なかなか開かないレジ袋。そんな時は、袋の真ん中と持ち手の下の袋の端をひっぱるとつかめる部分が出現する。

知っていると得をする！ コンビニ業界こぼれワザ

●コンビニ（店舗による）では切手が買えるだけでなく、ポストもある。

HACK2 コンビニ弁当は「予約」できる

公式ホームページにのっているようなものは大抵予約できる。イベントなどで大量に必要な時に便利！（店舗による）

HACK3 コンビニ各社のアプリで商品の無料ゲット！

クーポン

お持ち帰り限定！
無料クーポン

コンビニのアプリには商品のお得情報だけでなく、無料クーポンが配信される事が多い。定期的にチェックするとお得に商品がゲットできる！

●コンビニおにぎりは野菜室に入れておくとパサパサになりにくい。

100円ショップ業界 の HACKS

食料品から文具、雑貨まで、いまやあらゆるものが100円でそろってしまうほど、さまざまな商品であふれている100円ショップ。こんなものが100円?と思ってしまうようなものも多く、行くとついつい買い過ぎてしまう人も多いはず。賢く100均を使うには?ショップ店員ならではのアイデア使い方に注目!

テーブルカバーは キャリーケースの足に!

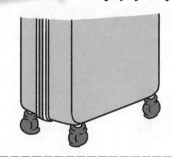

床を傷つけないためのテーブルカバーはキャリーケースの足にもぴったり。足に取り付ければ室内用として使えるようになる。

知っていると得をする！ 100円ショップ業界こぼれワザ

●まな板立ては PC 収納にぴったり!

HACK2 カードホルダーが絆創膏入れにぴったり！

いざという時にあると便利な絆創膏や綿棒はカードホルダー入れが使い勝手バツグン！

HACK3 ごちゃごちゃした冷蔵庫は「回転トレー」で一変！

冷蔵庫の中の整理には回転トレーが便利。たんに整理されるだけでなく、奥のものも取り出しやすくなる。

●マグネットタイプのタオルハンガーは玄関に使うと傘かけにぴったり！

ファイナンシャル業界 の HACKS

誰もが一生の付き合いとなるお金。できることなら苦労したくないと思うもの。ふだんからお金の使い方やお得な方法をチェックしているファイナンシャルプランナーは、クライアントに応じてアドバイスをしているけれど…。ファイナンシャルプランナー自身が人生を豊かにするためのお金の使い方とは?

HACK 1 「特売」に騙されない

スーパーなどで入り口付近に置かれている特売品。お得だなと手に取ると、その後、気になったものは買う気がなかったものでもつい買ってしまう…。アンカリングという心理テクニックが使われている。「お得」と感じた時ほど冷静に、買うべきものだけを買うとムダ遣いは減らせる。

知っていると得をする! ファイナンシャル業界こぼれワザ

●衝動買いをしたくなったら「コンビニ」に行く。単価の小さいコンビニなら失敗してもダメージは小さい。

HACK2 お金は「3つ」に分ける

普通預金

定期預金

投資

「消費」「投資」「浪費」…ではなく、「日々使うお金→普通預金」「5年以内に使うお金→定期預金」「10年以上使わないお金→投資」という風に分けておくと、確実に貯金ができる。

HACK3 お小遣いは「必要なお金＋自由なお金」にする

子どもにファイナンス教育をするために、お小遣いは多めにあげる。といってもただたくさんあげるのではなく、「スイミング3000円＋おやつ1000円＋自由1000円＝5000円」というように、必要な額まで含めた分を渡す。こうすることでお金を管理する意識が芽生える。

●家計簿はアプリと電子決済を紐づけて自動化。

●節約のコツは日々の食費などではなく、「固定費」から見直す。

ファストフード業界 の **HACKS**

小腹が空いた時、忙しい時に注文してすぐに商品が食べられるファストフードは現代人の味方。せっかくならもっと美味しく食べたい！ "裏メニュー" と呼ばれるものもたくさん出ているが、働いている人たちはどんな食べ方をしているのか？

HACK1 テイクアウトの ポテトは素焼きする！

買って帰ったころにはしなしなになってしまっている「フライドポテト」油をしかずにフライパンさっと炒めるとまるでできたての味に！お好みで塩を振っても美味しい！

知っていると得をする！　ファストフード業界こぼれワザ

●マクドナルドではモバイルオーダーしておくと来店時に並ばずに商品を受け取れる。

HACK2 ハンバーガーは「小指」で挟むとこぼさない

ハンバーガーは親指だけで挟んで食べると中の具が落ちてきてしまう。小指で下のほうも挟むことで具をこぼすことなく食べることができる。

HACK3 注文の仕方次第で「できたて」が食べられる

バーガー系は「～を抜いて」「～を入れて」というと新たに作る必要があるので、できたてが食べられる。ポテトは「揚げたて」をお願いすると聞いてもらえやすい。

●サブウェイではソースの「ミックス」や「ハーフ＆ハーフ」の注文もできる。
●ミスタードーナツでは温めてもらうとベストな温度に温めてくれる。

ジュエリー業界の HACKS

キラキラとまばゆい輝きを放っているジュエリー。あのような輝きは良質な宝石と正しい手入れがあってこそ保たれる。店内ではキラキラしてきれいだったのに、買って帰ってみるとなんだか印象が違う…そんな後悔をしないためにも、ジュエリー店のテクニックを知り、いつまでもきらめくジュエリーを身につけよう!

HACK1　宝石の良しあしは「暗いところ」で!

強い日差しや、強い照明の下では、宝石は全体が明るくなって美しく見える。宝石の良しあしは光の少ないところで、どれだけその宝石が輝くかをチェックすることが重要。じつは一流の店ほど照明を落としている。少ない光の中で、カットの悪いものや、黒み、雑味を持ったものは、色が沈み、カットやシェイプのゆがみもはっきりと現れる。

知っていると得をする! ジュエリー業界こぼれワザ

● シルバーアクセサリーは日焼け止めで磨くとピカピカになる!

● ジュエリーはクリームやメイク、フレグランスをつけ終えた後、身支度の最後の仕上げとして着用する。

ネックレスを
傷めない持ち運び法は
ジップロック2枚使い

アクセサリーを持ち運ぶ時にまとめてしまうのは絡まり、傷の原因に。そこでペンダントトップだけをジップロックに。チェーン部分を巻き付け、もう1枚のジップロックに入れるとアクセサリーを傷つけることなく持ち運びできる。

化学反応で
シルバーの輝きを
取り戻す！

黒ずんでしまったシルバーアクセサリーはアルミホイルをしいた容器に、アクセサリーとお湯を入れ、重曹を加えるだけ！これは重曹（$NaHCO_3$）を含む水中で、アルミニウム（Al）と硫化銀（Ag_2S）を反応させることで、水酸化アルミニウム（$Al(OH)_3$）と銀（Ag）を得るという化学反応によるため。

●絡まったネックレスは絡まった部分をつまようじの先端でつくだけで、徐々にほぐれてくる。

カラオケ業界の HACKS

たとえ歌に自信がなくても、機械を使いこなすことで解決できる方法もある。また、美味しいフードがでてきたらそれだけで満足度も高くなるもの。楽しく盛り上がるためにどんな裏ワザがあるのか?カラオケ店員だからこそ知っているテクニックを紹介!

HACK1 フードが新鮮なのは「水曜日」

金曜日の夜から週末にかけての集客を狙って、料理の仕込みは水曜日に行われる店が多い。新鮮な料理は「水曜日」が狙い目。

知っていると得をする! カラオケ業界こぼれワザ

● マイクが入らない場合はデンモク(曲を選択する端末)「777」でメモリリセットされ、復活する。(機種により異なることも)

 **絶対90点以上とれる入れ方がある**

デンモク（曲を選択する端末）には「接待モード」と呼ばれるコマンドがあり「8000-02」で90点以上取れるようになる。（機種により異なることも）

HACK3 ハウリングはマイクの持ち方で防ぐ

マイクは縦ではなく、床と平行になるようにすると、スピーカーからの音をひろいにくくなり、ハウリングしにくくなる。

●予約画面→オプション→ボイスチェンジで声の設定ができる。男性が歌う時に女性の声にするなどで盛り上がれる。（機種により異なることも）

147

外出先で使える！ おでかけ②

旅行業界の HACKS

あちこちの観光名所を案内する一方で、「あれがない」「これがしたい」というお客さんの困った！に対応する添乗員。どんなに万全の準備をしていっても忘れ物をしたり、トラブルが起きてしまうもの。楽しく旅を終えるために知っておきたいテクニックとは？

HACK1 「シャワーキャップ」は万能小物

アメニティで使わなかったシャワーキャップは、靴入れ、タオルや服を入れるなど、透明で水を通さないので小物入れに、ちょっとしたラップ代わりにも！

知っていると得をする！ **旅行業界こぼれワザ**

●スマホをグラスの中に入れるとアラーム音が大きくなる。

HACK2 スーツケースに納まりきらない時は、一度ゴロゴロしてから再トライ！

どうしてもスーツケースが閉まらない時は、一度閉めて少し転がすと、重力の関係で荷物が良い具合に下がり、スペースが生まれる。

HACK3 ヘアアイロンは鍋つかみに収納

チェックインの時間が目前にせまっているのに、まだヘアアイロンが熱いまま！どうしよう…。こんな緊急事態でも、鍋つかみがあれば熱が冷めなくてもすぐにしまえる！

HACK4 シャツの襟にはベルトを入れておく

スーツケース内でのブラウスやワイシャツの襟の型崩れを防ぐために、襟の内側と同じ大きさに丸めたベルトを入れておくといい。

●圧縮袋はジップロックで代用できる。スペースが余っている場合には空気を入れて緩衝材がわりになる。

149

 外出先で使える！ おでかけ③

スポーツショップ業界 のHACKS

トップスポーツ選手こそ道具にこだわり大切に扱うという。アマチュアであっても、スポーツを楽しみ、腕を上げていくのも、スポーツ用品の扱い方が大切になってくる。そんなスポーツ用品の取り扱いにはちょっとしたコツでずいぶん使い勝手がよくなることがある。スポーツ用品のプロたちのテクニックとは？

HACK1 グローブの手入れは マイクロファイバーで きれいに！

野球のグローブのにおいがきつい場合、薄手のマイクロファイバーのクロスをぬるま湯に浸し、固く絞ったもので3回ぐらい拭くといい。

Microfiber

知っていると得をする！ **スポーツショップ業界こぼれワザ**

●単価の高いウィンタースポーツグッズは春に買うと半額以下ということも！？

HACK2 濡れたスイムウエアは タオルに挟んで 長持ち！

スイムウエアは濡れたままだと劣化してしまう。使用後は乾いたタオルにはさんで持ち帰るといい。

HACK3 泥汚れには スクラブ洗顔料！

SCRUB facial form

ユニフォームやトレーニングウエアの頑固な泥汚れにはスクラブ洗顔剤で洗うとさっぱりきれいになる！

アウトドア業界のHACKS

ソロキャンなど、キャンプがブームだ。おしゃれなアウトドアグッズや使い勝手のいい便利な道具も増えているが、実際にキャンプ場へ来てみたら忘れてしまった！予想外のハプニング発生！など思いもよらないことが起きてしまうもの。そんな不便をいかに楽しんでいくか？それがアウトドアの醍醐味でもあり、達人の腕の見せ所でもある。

HACK1

ロープは「摩擦熱」で切ることができる！

ハサミがなくても、切りたい部分が体の真下に来るように両足でロープを地面に押さえつけ、切断したいポイントにもう一本のロープをくぐらせて引っ張り上げながらロープ同士をこすり合わせる。摩擦熱によってロープを切ることができる。

知っていると得をする！　アウトドア業界こぼれワザ

●キャンプのまな板は牛乳パックで！軽くて折りたためて便利。

夏の暑さ&虫よけ対策は「ハッカ油」

「ハッカ油」は肌がスーッとするのでちょっとした風でも涼しく感じることができるうえ、虫よけの効果もある。自然の中でも都市でも使える万能油だ。

ハッカ油

身近なものでキャンプグッズを代用する!

・500mlのペットボトルは米3合分
・網をホイルで包めば鉄板代わりに!
・たき火のスミをまくとアリ除けになる
・着火剤がないときはポテトチップスがよく燃えていい!

●お皿にラップやペーパーナプキンを敷いて料理を盛れば洗い物が増えずラクラク!

カメラ業界の HACKS

スマホで写真を気軽に撮ることは増えたが、やはりプロのカメラマンが撮ったものとはどこか違う。といっても大がかりなセットは必要なく、プロといえどもちょっとした工夫やアイデアで演出をしている。写真がワンランク上がる技術をものにしてしまおう!

HACK 1

雰囲気写真は「ビニール袋」が活躍!

フラッシュにビニール袋を置くと、光が回りすぎず、柔らかい感じの写真となる。

知っていると得をする! カメラ業界こぼれワザ

●レンズキャップをなくしたら、ハーゲンダッツのふたがぴったり!

HACK 2　動画の水平撮影は「タオル」で実現！

素人には難しいのが動画の水平撮影。ぶれないようにとるためには「タオル」の上にカメラを乗せて、タオルを動かすといい。

HACK 3　カメラは必ず「両手」で持つ

写真でも動画でもカメラは必ず「両手」で持つのが基本。何気なく片手で撮りがちだが、小さな手ぶれが素人とプロを大きく分ける。

●折りたたみ傘の先端部分を外すと、デジカメの三脚用のネジと同じ大きさ。手ブレ防止の一脚代わりになる。

155

自動車業界の HACKS

若者には車離れが起きているといわれていても、生活の足として必要不可欠な人も多い。日々、車と向き合い続けている人たちは、いざという時どうしているのか?出かけた先で、ふだんのドライブに使える知識とはどんなものがあるのだろうか?

HACK 1 充電ケーブルなどは「スパイラル」させる

充電ケーブルなどはペンに巻きつけ、ドライヤーをあててクルクルさせておくと邪魔にならない。

知っていると得をする! 自動車業界こぼれワザ

●冬場の寒さでフロントがくもる時はカイロを置いておくと防ぐことができる。

カップホルダーは「コップ＋靴下」できれいに!

コップに靴下をはかせ、クリーナを吹き付け、コップの底でホルダーをこするだけできれいになる。

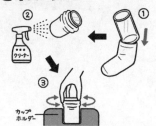

ガソリンは満タンにしない

ガソリンを満タンにするとそれだけ重くなり、燃費が悪くなる。20Lずつくらいの給油がバランスがいい。ちなみにガソリンは温度が上がると体積が大きくなるので、気温の上がる前に入れると少し多めに入れられる。

●車内のペットの毛は窓掃除用の水切りスクイージーで取れる。

自転車業界の HACKS

都心では自転車レーンが整備されたり、町おこしの一環としてサイクリングロードが活用されていたりすることもあり、自転車がブームになっている。出かけた先での応急処置、毎日の整備はどうしたらいいのか？知っているといざという時に助かる、サイクルショップの店員さんが行っている裏ワザ！

HACK 1 チェーン汚れは 「歯ブラシ2本」で解消

自転車のチェーンの汚れは、2本の歯ブラシをトングのようにして使うとラクに落とせる。

知っていると得をする！ **自転車業界こぼれワザ**

●電動自転車のバッテリーは気温の変化で壊れやすい。必ず室内保管をする。

HACK 2 パンクの応急処置は「クリアファイル」で解決!

クリアファイル

2~3cm

両面テープ

ロードバイクのタイヤがパンクした時。クリアファイルを 2cm × 3cm ぐらいに切り、両面テープをつけ、タイヤの裏側から穴に貼り付け固定する。

HACK 3 電動自転車は鍵をなくしても、取り寄せができる!

大抵の電動自転車はバッテリー側の鍵穴を覆っているプラスチックカバーの下にキーナンバーが書かれたシールが貼ってある。鍵本体を壊すより安くすむ。

運送業界の HACKS

運送業界のなかでも多くの割合を占めているのがトラック。運んだ重量ベースでは9割がトラック運送だ。長距離運送を思い浮かべる人も多いかもしれないが、もともと日本は店舗在庫を持たないので、小口配送が多い。加えて通販需要により、ますます必要とされている。長時間の運転に加えて、物の持ち運びまでこなす、運送マンの極意とは？

HACK 1 疲れない運転には「かかとのついたサンダル」

足の蒸れを防ぎ、血行を滞らせないためには靴よりもかかとのついたサンダルの方がいい。かかとの付いていない物は違法となるので注意。

知っていると得をする！ 運送業界こぼれワザ

● 24時間営業で飲食店や宿泊施設や浴場がある「トラックステーション」は一般人も利用可能。

HACK2

×

長距離運転には「背中」にクッションで疲れない

長距離運転で負担が大きいのが「腰」。腰痛にならないようにするには「背中」にクッションを置くといい。

HACK3 ハンドルの持ち位置は「4時8時」

運転が上手い人ほど両ひじをかけて「4時8時」。下手な人はハンドルにしがみついていることが多い。

●重い荷物には「ゴム手袋」が効果的！　つければ意外と持てる！

海運業界の HACKS

絶えずゆれている船の上。慣れないうちはどうしても船酔いに悩まされてしまう。船乗りが船酔いをしていては仕事にならないがどうやって克服してきたのだろうか？海と船を知り尽くしている人たちが行っていることとは？

HACK1 船では「中央」にいる

船は中央のラインが一番揺れの少ない場所。船酔いを防ぐには揺れの少ない中央ライン沿いにいるといい。

知っていると得をする！　海運業界こぼれワザ

●海のギラつきで酔うこともあるので、サングラスをするといい。

役立つロープの使い方

引き解き結び 引くと解ける結び方。ロープ結びの基本なので覚えておいて損はない！

①時計回りに半回転ひねる　②○をつまみ輪に通す

③左右に引っ張る　④完成！

垣根結び 荷造りや何かを束ねる時に便利な結び方

①まきつける

②最後の部分を時計回りに輪をつくる

③輪をつくった部分に紐の端を奥から入れる

●氷をできるだけ長く口の中でゆっくりととかすと船酔いしにくい。

— 外出先で使える! 移動⑤

地図業界の HACKS

スマホのルート案内を使うことで、初めての場所でも迷うことなく行けるようになった。衛星写真から、行ったことのない場所もどんな様子か見ることができるようになった。こんな日々進化していく地図の、知っているだけでもっと便利になる使い方を紹介。

HACK1 地図は「迷う前」に見る

現地案内図

多くの人は、迷った時に地図を確認する。しかし迷っている時点で地図を読みこなすのは難しい。地図はスタート前に見て、進みながら「答え合わせ」していくのが、迷わない地図の使い方である。

知っていると得をする! 地図業界こぼれワザ

● 道案内用の地図は細かすぎるとかえってわかりにくい。目印になるものをあげたほうが道に迷いにくい。

HACK 2 　住宅街で迷ったら「衛星アンテナ」を見る！

衛星放送のアンテナは、南よりの方角に向けて設置されている。例えばBSは南西、CSでは南南西を向いている。これらのアンテナの方向を見れば、おおよその方角を知ることができる。

HACK 3 　「Googleマップ」使い倒し！

地図上で右クリック。「距離を測定」を押し、計測終了地点で左クリック。これで距離がわかる。曲がる地点でクリックを繰り返せば道路に合わせて測定できる。移動距離やランニングコースを測ることができる。

●方向音痴の人は目標地点に進む前に、地図の中で「現在地」を見つけること。それから大きな目標物を見つけ、進む方向を決める。

タクシー業界の HACKS

終電を逃した時、天候が悪い時、タクシーに乗りたい時に限って「回送」「貸走」「迎車」の車ばかりでなかなか捕まらないという経験をする人は多いだろう。こんな時、どうしたらタクシーをスムーズに捕まえられるのか?タクシードライバーの動きがわかれば問題解決できる!?

HACK1 終電後は繁華街に 向かうタクシーを狙う

繁華街

郊外

繁華街から郊外へ帰宅する場合、帰る方向の車線でタクシーを拾いたくなる。しかし、たいてい乗車済み。繁華街へ向かうほうでタクシーを拾いUターンしてもらったほうが早いことも。

知っていると得をする! タクシー業界こぼれワザ

● 「全国タクシー配車」というアプリを使うと自分の位置情報が一番近い場所にいる運転手に配信される。電話で呼ぶよりも早い場合も。

第5章

緊急時の困った! に
ライフハック

緊急時の困った! に　外出先①

レジャー業界の HACKS

「コト消費」の追い風もあり、さまざまなレジャー施設が生まれ、ジェットVR体験、カップ麺づくり、グランピング体験などなにかに特化した施設が増えている。どんな施設であれ、お客さんには楽しい時間を過ごしてもらうというのが、そこで働く人の共通した思いである。とことん楽しむためのテクニックとは?

HACK1 絶叫系は叫んで克服

絶叫系のアトラクションが苦手、だけど乗らなければならない時。思いっきり叫ぶといい。必然的に深呼吸をすることになるほか、腹筋に力が入り、体がぶれにくくなるため。

知っていると得をする! レジャー業界こぼれワザ

●指にトゲが刺さった時は、5円玉の穴を押し付けると抜ける。

168

レジャーシートをコンパクトにたたむ方法

①中央に向かってたてに折る

②さらに半分に折る

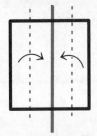

③横半分に折る

④さらに折る

⑤シート袋まで折って完成！

緊急時の困った！ に 外出先②

ライフセイビング業界の HACKS

海の安全を守るライフセーバー。海水浴場で監視をしているだけでなく、いざという時に救助できるように競技を設定し、日々技術を高めている。もしも海で何かあった時はプロの任せるのが一番だが、自分しかいない場合にはどうしたらいいのか？

HACK 1

海で走る時は足を「横」に抜く

いち早く溺れている人にたどり着くために行っているライフセーバーの海での走り方は、足を横に抜くこと。水の抵抗を抑えられ、早く走れる。

知っていると得をする！ ライフセイビング業界こぼれワザ

●きれいに焼きたい時はサンオイルではなく、弱い日焼け止めを塗る。

170

溺れている人は「静か」

実際に溺れている人は「声を上げることができない（呼吸で精いっぱい）」「手を振ってアピールしない《手を上げたりすれば体が沈んでしまう》」「口のあたりが水面から下へ沈んだり上へ上がったりを繰り返す」。子どもは犬かきをしているように見えることも。

もし溺れたら無理に泳がない

人の体は基本的に水に浮く。洋服や靴の素材も基本的に水に浮く。むだに体力を消耗せず呼吸を確保して救助を待つことで助かる可能性がずっと上がる。

緊急時の困った！に 危機①

警備業界の HACKS

守りのプロである警備員。企業、金融機関、空港や原子力発電所などの重要機関、家庭の安全を守るほか、交通整理や災害救助、身辺警備などもおこなっている。私たちが目にするのは、巡回していたり警備室にいる警備員さんだけだが、じつは専門知識と技術を有している。実生活にも役立つテクニックを知っておこう！

HACK1 エレベーターに乗る位置はボタンの前

なんだか怪しいエレベーターの同乗者。非常ベルが押せるボタンの前に壁を背にして立つ。なんだか怖いなと思ったら各階全押しして、止まった階で降りる。

知っていると得をする！ 警備業界こぼれワザ

●鉛筆の芯で鍵の溝をなぞると鍵のひっかかりが解消される。

HACK2 ナイフを持った人に遭遇！直線上から外れる

片足を軸にして、ナイフを持った人の直線上から外れる。

●きれいに刈り取られた芝、玉じゃりのまかれた家まわりは空き巣が入るのを躊躇する家。

173

狩猟業界の HACKS

都市部でもクマやイノシシの出没情報が増えている。基本的には動物たちが人間だと気づくと去っていくことが多いものだが、向かい合う形になってしまったらどうすればいいのか？山でのキャンプや登山では？狩猟のプロたちはどうしているのだろう？

HACK1 イノシシに遭遇した時の対処法

イノシシは意外にも足が速いが高いところに登れない。フェンスなど高いところへよじ登ろう。

知っていると得をする！ 狩猟業界こぼれワザ

●ジビエのレベルは、血抜き、解体作業で決まる。

クマに遭遇した時の対処法

<遭遇した時>

熊が気づいていなければ、静かに熊から離れよう。

<突進してきた時>

突進してきたら防御姿勢をとる。うつ伏せになって顔と腹部を守り、首の後ろは手を回して保護。転がされても、その勢いで元の姿勢に戻る。

●現在日本で狩猟できる鳥獣は４８種類に限られている。

緊急時の困った！に　災害

国防業界の HACKS

どこで地震が起きてもおかしくないうえ、台風や噴火などの自然災害が起きやすい日本では、被災した時のサバイバルテクニックは持っているべき知識かもしれない。被災地など過酷な環境で活躍する自衛隊員の技術をぜひ知っておこう。

HACK1

自衛隊員はいざという時「手ぬぐい」を持ち歩いている

口を覆ってマスク代わりにする
怪我をした時の止血に
骨折した時に三角巾として
女性でも破けるので、紐代わりに
…など多様な使い方ができる。

知っていると得をする！　　国防業界こぼれワザ

●有事にも動かせるように車にはつねに半分以上のガソリンを入れている。

寒い時は
カッパの上に
服を着る

ビニールガッパを服の下に来
てから上着を着ると、サウナ
スーツ効果でよりあたたかい。

ランタンは
「懐中電灯＋
ビニール袋」で
できる

懐中電灯を白いビニール袋で覆うと光の面
積が増えてランタンがわりになる！ただし熱
くなってきたら危ないので使用を中止する。

●避難の際には長袖・長ズボンが基本。そしてナイロンよりも木綿のほうが
　燃えにくい。

葬儀業界の HACKS

一般的に葬儀は身近なものではない。突然の訃報にどうしたらいいのかわからず、業者に言われるがまま葬儀をとりおこなったり、お通夜のたびに慌てるはめになる。葬儀関係のトラブルにはどう対処したらいいのか？いざという時に困らないように業界人は何をしているのだろう？

HACK1

「喪服にカビ…」は「クレンジングシート」で落とす

白カビは油性のものに溶けやすいという性質があるため、メイクを落とすためのクレンジングシートやオイル系のクレンジングなどを利用してカビを取り除くことができる。

知っていると得をする！　**葬儀業界こぼれワザ**

● 正座をした際は、重心が後ろにかからないようにしたほうがよい。お尻をかかとに乗せてどっしりと座ってしまうと体重によって血管が圧迫され、痺れやすくなる。

HACK 2 喪服についた ファンデーションは「ウレタンハンガー」で取れる

ハンガーからウレタンを外し丸める。汚れた部分を軽くこすると目立たなくなる。ウレタンの表面には凹凸がある為、汚れをある程度落とすことができる。焦って水などで拭くと水染みができることもある。

HACK 3 きつい香水は「アルコール消毒」で和らげる

アルコール消毒

消毒用のアルコールを含ませたティッシュなどでなでる。香水の成分はアルコールに溶けやすい性質があるため、香水の匂いを除去する効果がある。

●ふくさ、数珠、香典をセットにして喪服と一緒に置いておく。いざという時に困らない。

179

ITセキュリティ業界の
HACKS

世界中でITインフラを狙う被害が増えている。サイバーテロなどの攻撃はウイルス対策ソフト程度では守り切れないため、ホワイトハッカー、セキュリティエンジニアと呼ばれる人々が活躍している。自分の使っているパソコンは大丈夫なのか?ウイルスに感染してしまった場合は?ネットの危険に直面した時に取るべき行動とは?

HACK1 OSやソフトウェアを常に最新の状態に

マルウェアの多くは、OSやソフトウェアの脆弱性を突いて攻撃してくる。アップデートはその都度行い、脆弱性を排除することが重要。

知っていると得をする! ITセキュリティ業界こぼれワザ

●ウイルスに感染した場合はインターネットを即座に切断。OSを初期化し、最新のバージョンにアップデートする。

HACK 2 ネットショップでは SSLが使われているか確認！

HTTPS://

クレジットカード番号を送信する際には、必ず利用中のサイトが SSL(データ暗号化による盗聴防止で https と表示される)等のセキュリティ対策が施されているかどうかを確認。

●アクションを求める「セキュリティ警告」が出た場合は偽物。必ず閉じる。

介護業界の HACKS

突然の事故や病気など日常生活からリハビリまで、体が不自由になった人のサポートをしなければならないとしたら。どうしたらいいのかわからない人のほうが多いのではないだろうか。介護施設には自分よりも体格のいい人を介護している人も大勢いる。どんな体の使い方をして日々の仕事をこなしているのだろうか？

HACK1 寝ている人は「手にのせて滑らせる」と動かせる

寝たきりの重い人などを動かしたい時は、その人の下に手を入れ滑らせるようにして動かしていくと、力いらずで動かしていくことができる。

知っていると得をする！ **介護業界のこぼれワザ**

●介護施設でのスキンシップの取り方は「ハンドクリームを塗ってあげる」。会話が上手に伝わらなくてもぬくもりや優しさは伝わる。

HACK 2

「体幹」を使って持ち上げる

自分より重い人を持ち上げる時は腕力だけを使っても持ち上がらない。「体幹」を使うことととラクに持ち上げることができる。

HACK 3

歩行介助は「手と肋骨」を支える

歩くのが難しい人にはわきの下に手をいれて介助しがちだが、ここは人が緊張しやすい部位。手を取り、肋骨の後ろや骨盤あたりを支えてあげるといい。

● むせている人の背中はたたかない。気管に入った水分を出そうとするリズムがくるってしまうのでそばで見守ってあげるほうがいい。

電池業界の HACKS

出先で、災害時に、できたら避けたいのが "電池切れ" という事態。電気がないからどうしようもないと諦めることはない。電池の性質を知っていれば、充電を長持ちさせ、いざという時にも充電を満たすことができる。備蓄しておくことが大切だが、いざ困った!という時には使ってみるといいだろう。

HACK1 単3電池がない時は単4電池で代替できる!

単3電池があと1つほしいという非常事態時には、単4電池を入れ、電極の陽極とソケットの間をアルミホイルで埋める。こうすると使える。

知っていると得をする! 電池業界のこぼれワザ

●停電時などのスマホの充電は、大容量のバッテリーを搭載しているノートパソコンで。つなぐことでモバイルバッテリー代わりになる。

HACK 2 バッテリーは 冷やさない！

バッテリーが性能を発揮するのは気温が10〜25度の時。このため、冬などはバッテリーの消耗が通常より早くなりやすい。寒い時期に予備のバッテリーなどを持ち歩く際にはホッカイロなどで温めておくといい。

HACK 3

スマホの充電は し続けない

スマホの充電はついつい寝る前などにやりがちだが、満タン状態のまま充電し続けると電池の劣化につながる。充電が完了したらすみやかに充電器からはずすことが大切。

畳業界の HACKS

イグサのいい匂いのする畳の部屋に入ると、日本人でよかった〜と思う人も多いのではないだろうか？フローリングの家が増え、畳店は町から姿を消しつつある。畳の手入れの仕方を知らない世代も増えつつあるだろう。日本の職人ワザを知っておくといざという時に役立つはずだ。

HACK1 畳にこぼした醤油は「小麦粉」で落とす

醤油やケチャップなどを畳にこぼしたら、慌てて雑巾で拭くと逆に汚れが広がってしまう。そこで汚れたところに小麦粉を振りかけ、その部分をひたすら拭くといい。お湯を含ませたタオルをよく絞って拭いてもいい。

知っていると得をする！ 畳業界こぼれワザ

●畳は足のにおいの元になる微生物や、水虫の原因菌の繁殖を抑える"抗菌素材"の役目も果たす。

HACK 2 畳の青さは「緑茶」でキープ

イグサが原料の畳は日焼けや乾燥などで色が薄れていってしまう。そんな時、緑茶でぬらしてよく絞った雑巾で拭くと、本来の青さがキープできる。

HACK 3 家具の跡にはアイロンをかけて復元を！

畳の上に家具など重いものを置くと家具の跡で畳がへこむ。そんな時は跡がついた場所に熱めのお湯で絞ったタオルをあてて、その上からアイロンをかける。アイロンをあてたらドライヤーや扇風機を使って早めに乾かす。

●畳は天然のエアコンといわれるくらい湿度の調整作用がある。

187

緊急時の困った！ に アクシデント③

鍵業界の HACKS

最近では一般的な鍵以外にも、電子キーやスマートロックのなどの開発により、選択肢が増え、取り付けられる機会も増えてきた。鍵が複雑化するほど安全性は高まるが、いざ鍵をなくした、閉じ込められた…そんな時はどうしたらいいのか？　鍵師のテクニックに迫る！

HACK 1 人がトイレで倒れた！ 鍵は「コイン」で開く

ノブタイプの場合、中心を確認。ネジのマイナスの様な溝がついていたらそれが「非常解錠装置」。コインを当てて回すと開く。レバーハンドルタイプでも同じように「非常解錠装置」がついている。

知っていると得をする！　鍵業界こぼれワザ

●鍵穴の潤滑性がなくなったからといって油をさしてはならない。油にはごみを吸着させ、粘性を出す特性がある。

健康のために
できる
ライフハック

健康のためにできる　医薬①

医療業界の HACKS

病気やケガの治療を行う医療業界。体のことを熟知している
プロだからこそ、その健康法やいざという時のテクニックは
私たちの生活に役立つ。

HACK1

取れない血痕には 「過酸化水素水」

布についてしまった血液を取
り除くには「過酸化水素」が
効果的。（※容量・用法を遵
守のこと）

過酸化水素水

知っていると得をする！　**医療業界こぼれワザ**

●ウイルスの感染を防ぐためにもマスクの取り外しには覆う面は触らない。
　必ず紐の部分だけを触るようにする。

HACK2 ウイルスを寄せ付けない手の洗い方

①手を濡らし、石鹸をつける

②手の甲

③指先、爪のあいだ

④指のあいだ

⑤親指と手のひら

⑥手首

②〜⑥の順で手を洗い、②〜⑥の順で石鹸をおとす。

健康のためにできる 医薬②

サプリ業界の HACKS

人生100年時代といわれ、健康寿命を延ばすために、サプリメントを摂っている人も多いだろう。今やサプリメント市場は1兆円を超える規模に。さまざまなサプリメントが出ているが業界の人はどのように摂取しているのか？気になる使い方をチェック！

HACK1 季節の変わり目に 摂るサプリを見直す

ビタミンを摂ると決めるのではなく、汗をかきやすい夏、血行が悪くなる冬…。サプリメントは季節によって摂るものを変えていくのが、1年を通して調子いい状態をキープするコツ。

知っていると得をする！ サプリ業界こぼれワザ

● 自分に必要な栄養素を知る"オーダーメイドサプリ"なら効率よく栄養が摂れる。

製薬業界の HACKS

2016 年から「かかりつけ薬剤師」という制度が始まったが、普段病院に行かない人にとってはなじみがあまりないかもしれない。しかし、かかりつけ薬剤師制度は 24 時間相談や服薬状況の管理を行ってくれるなど、薬のことなら何でもこたえてくれる頼もしい存在なのだ。

HACK 1

アルミの薬袋は重なり部分を引けば手で開く

ハサミがなくても、袋の重なり部分を横に引っ張って、縦に引き裂くときれいに開く。

第6章　健康のためにできるライフハック

知っていると得をする！　製薬業界こぼれワザ

●粉薬は、氷を口に入れ、舌を冷やしてから、薬を口に入れて飲むと飲みやすい。

健康のためにできる 医薬④

デンタル業界の HACKS

日本では 80 歳の時に 20 本の自分の歯を持つという「8020」運動に取り組んでいる。しかし、75 歳以上の高齢者の歯の平均本数は 13.3 本といまだ達成できていない。このため、歯科医は歯の治療だけでなく、予防にも力を入れているところが多い。推奨する歯ブラシや歯磨き粉が置いてあったりもするが、実際のところは……?

HACK1

歯磨き粉は「フッ素濃度1450ppm」のもの

日本では「1,500ppm 以下」のフッ素濃度が認められており、誤差で「1,500ppm」を超えないように、市販の歯磨き粉では「1,450ppm」までとなっている。基本的に、フッ素濃度が高いほど虫歯予防の作用は強くなる。

知っていると得をする! デンタル業界こぼれワザ

●ケガなどで歯が抜け落ちたら牛乳に入れてすぐに歯医者さんへ。再植できる可能性が高まる。

 歯ぐきマッサージで
免疫力UP！

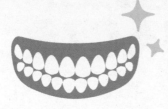

歯ぐきも寝ている間に老廃物がたまり、血流などが滞ってむくみが出る。歯ぐきには毛細血管が無数に通っているので、マッサージをすると血行がよくなって、滞っている不純物を排出することができる。

 歯磨きは「1日2回」

2cmほどの歯磨き粉を使用。歯ブラシを斜め45°の角度にあて、小刻みに動かす。歯を磨き終わったら、口の中に残っている泡を出さずに「おちょこ1杯」くらいの水を口に含み、軽くゆすいで吐き出す。2時間は飲食を控えれば1日2回でも3回でも虫歯の予防作用に変わりはない。

●重曹でうがいすると口臭が消える。
●開いた歯ブラシはお湯をかけると元に戻る。

健康のためにできる 睡眠

寝具業界の HACKS

日々の健康に「睡眠」は欠かせません。寝具にもこだわりを持つ人も増えてきている。しかし、お手入れ方法やシーズンオフ時にどのようにしまっておくのかについては適当な人も多いのでは?手間をかけず、長く使っていくための方法を知っておけば、より快適な睡眠ライフを送ることができるでしょう!

HACK1 布団は黒い袋に入れて干す

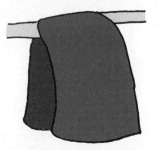

布団を干すとき表面に日光が当たるとダニが内側に隠れるので、黒いビニール袋に入れて干すといい。

知っていると得をする! 寝具業界こぼれワザ

●筋力が弱い人、高齢者は寝返りをサポートしてくれる高反発のマットレスがおすすめ。

健康のためにできる 美容

エステ業界の HACKS

人をきれいにするだけでなく、自身も美しさを保ち続けなければならないエステティシャン。自身に施している美のヒミツとは？

手に「やすり」を かける

肌に触れる仕事なので手の柔らかさは必須！足の裏にやすりをかける人はいると思うが、エステティシャンは角質がつきやすい指の角や、手のひら全体にもかけている。

知っていると得をする！ エステ業界こぼれワザ

●特にケアを怠らないのは「首」のオイルマッサージと「手」。年齢が出やすい。

健康のためにできる　食事

栄養士業界の HACKS

普段何気なく食べている食材も、摂り方によって栄養の摂取率が変わってしまう。健康に役立つようにできるだけ効率よく食べたいものだが……。栄養のエキスパートは食事の際に何を気をつけているのだろうか?

HACK1　リンゴは輪切りに!

リンゴの栄養は皮や芯の周りに多い。輪切りにすることで余すところなく食べることができる。タネは毒性があるので食べない。

知っていると得をする!　栄養士業界こぼれワザ

●食前にコップ1杯の水を飲んで血圧上昇を防止する。

トマトジュース

時短栄養補給には「ホットトマトジュース+オリーブオイル」

オリーブ
オイル

トマトジュースをレンジで1分ほど温め、オリーブオイルをティースプーン1杯ほど入れる。抗酸化成分のリコピンと不飽和脂肪酸が多いオリーブオイルで、免疫力アップ!

HACK3 おやつは午後3〜4時に食べる!

時間栄養学では、午後3時〜4時は、食べたものがエネルギーとして代謝されやすく、太りにくい時間帯。おやつを食べたい時はこの時間帯に!

●おやつはカロリー表示を確認するとダラダラ食べを防ぐことができる。

健康のためにできる　体①

フィットネス業界の HACKS

「平均寿命」よち「健康寿命」を延ばしたいと考える人が増えた。
老若男女それぞれに合わせたプログラムや24時間営業などで、
フィットネスジムへのハードルも下がり、通う人も増えている。
それでも続かない人も多いわけなのだが…。トレーナーだから
こそ知っている、体の鍛え方とは？

HACK1 筋トレ初心者は ダンベルよりバーベル

フォームが安定し、負荷をか
けやすいのがバーベル。傾
きがわかりやすく、フォーム
の修正やケガを未然に防ぐ
こともできる。

知っていると得をする！ フィットネス業界こぼれワザ

●ファストフードを食べたら、必ず次の食事と運動で調整する。

HACK2 食事の量は「3:5:2」

トレーナーの食事の量は「朝3:昼5:夜2」。間食をプロテインで2回摂る。低糖質にすると脂質が不足しがちになるので良質なオリーブオイルなどを意識して摂るといい。

朝　昼　夜

間食　間食

HACK3 トレッドミルは傾斜を3%つけ効果UP!

ランニングマシンは自動的にベルトが回転するので、実際に走る時とは違う筋肉を使う。傾斜をつけないと蹴りの強い跳ねる走り方になり、もも前の筋肉を多く使うことになるため、ももが太くなる可能性がある。傾斜を1〜3%程度つけることで、押す筋肉であるお尻やもも裏（うら）、ふくらはぎを使う走りになり、実際に走るときの効果に近づく。

整体業界の HACKS

筋肉や骨に成熟している整体師。疲れにくい体の使い方をしていても、痛みのある体をほぐしていくのは実は体力仕事。自分自身の体を痛めてしまうなんてことも。そんな時、どうやって自身の体をケアしているのか？

腰痛防止の座り方は「骨」を使う！

筋肉で座ると疲れてゆがんだ姿勢になりやすくなる。座骨で座るようにすると、無理やり姿勢を正そうとしなくても姿勢が良くなり、体への負担が減る。

知っていると得をする！ 整体業界こぼれワザ

●腹筋は腰痛になりやすいのでしないほうがいい。

HACK2 肩こりには「肩甲骨」をまわす

手のひらを正面に向けた状態で、大きく肩を後ろ回し。内旋している肩、肩甲骨の位置が改善されていく。

HACK3 「3点」で立つと疲れない

バランスよく立つ時の足裏の重心位置は、親指と小指の付け根、かかとの3点。つま先重心やかかと重心もあるが、骨盤が後傾したり前傾したりしやすい。

●腰痛は安静にせず、しっかり伸びをして動いたほうが早くよくなることが多い。

スポーツ業界の HACKS

本番でベストパフォーマンスをだすために日々トレーニングを積んでいるアスリート。いまや単なるトレーニング方法の研究だけでなく、栄養士やメンタルトレーナーをつけて食事やメンタル面にも気を使っている人が多い。心身両面で一流を目指している人たちが行っていることとは?

HACK 1 疲労がたまっている時は「ひき肉」で栄養補給

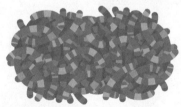

ハードな練習をすると筋肉疲労に意識がいきがちだが、じつは内臓も疲弊している。消化吸収力が落ちている時に、ステーキなどを食べると余計に疲れてしまう。そこでアスリートが使うのが「ひき肉」。細かくなって食べやすいうえ、タンパク質もしっかり補給できる。

知っていると得をする! スポーツ業界こぼれワザ

● 「ただ見る」のを30秒など続けることで、余計な視覚情報をシャットダウンし、集中できる。

参考文献

『眠れないほど面白い　鉄道雑学の本』(ライフサイエンス/三笠書房)、『そこが知りたいホテルの裏の裏の裏』(ピエール坂田/トラベルジャーナル)、『クリーニング店の秘密』(橋本英夫/東邦出版)、『はじめよう!「パン」の店』(藤岡千穂子/同文館出版)、『パン屋さん、ケーキ屋さんになる方法』、『フードコーディネーター教本』(日本フードコーディネーター協会編/柴田書店)、『鉄道雑学のススメ』(所澤秀樹/山海堂)、『超ビギナーのためのフラワーアレンジ基礎レッスン』(矢野佐保子/技術書院)、『あなたもインテリアコーディネーター』(佐野佐保子/技術書院)、『完全理解日本料理の基礎技術』(文とく山・野崎洋光/柴田書店)、『「プロの仕事」の隠しワザ』(データバンク21編/成美文庫)、『プロカウンセラーの聞く技術』(東山紘久/創元社)、『自衛隊防災BOOK』(マガジンハウス、自衛隊、防衛相協力/マガジンハウス)、『こんなに役立つプロの常識』(チーム世間通編著/大和書房)、『すぐ試したくなる世界の裏ワザ200集めました!』(知的生活追跡班/青春出版社)ほか

青春文庫

あの業界のスゴ技！ライフハック100

2020年5月20日　第1刷

編　者	知的生活追跡班
発行者	小澤源太郎
責任編集	株式会社 プライム涌光
発行所	株式会社 青春出版社

〒162-0056　東京都新宿区若松町 12-1
電話 03-3203-2850（編集部）
　　 03-3207-1916（営業部）　　印刷／中央精版印刷
振替番号 00190-7-98602　　　　製本／フォーネット社
ISBN 978-4-413-09753-6